Waterwonen in Nederland

Amphibious Housing in the Netherlands

**Architectuur
en stedenbouw op
het water**

Architecture
and Urbanism on
the Water

NAi Uitgevers
/ Publishers

Waterwonen in Nederland

Amphibious Housing in the Netherlands

Inhoud

1   Motieven voor waterwonen 10

2   Waterwoon gebieden 14

De zee
De rivieren
De meren
Plassen en sloten
Vaarten en grachten
Inundatiegebieden

3   Waterwoon typologieën 22

Drijvende woning
Amfibische woning
Paalwoning
Terpwoning
Dijkwoning
Woning aan het water

4   Stedenbouwkundige basisprincipes 32

Routing
Privacy
Positionering
Waterpeil

Contents

1   Reasons for living on water 10

2   Dutch water typologies 14

The sea
The rivers
The lakes
Shallow lakes and channels
Canals and waterways
Flood relief areas

3   Water dwelling typologies 22

Floating dwellings
Amphibious dwellings
Pile dwellings
Terp dwellings
Dyke houses
Waterside living

4   Basic urban principles 32

Routing
Privacy
Positioning
Water level

5   Verkavelingstypen waterwonen 38

De steiger
De landtong
De oever
Het eiland

6   Projecten 46

HafenCity, Hamburg 49
Gouden Kust, Maasbommel 57
Acquavista, Almere 63
Steigereiland, IJburg 69
Sausalito Bay, Californië (VS) 75
Nesselande, Rotterdam 81
H2O Wonen, Zeewolde 87
Stadswerven, Dordrecht 93
Het Nieuwe Water, Westland 97
Westflank, Haarlemmermeer 103

7   Markt en beleidsruimte 106

Woonwensen
Ontwikkeling en beleid

Bijlage 114

Ontwerptools

Projectenlijst 122
Over de auteurs 124
Illustratieverantwoording 125
Colofon 126

5   Urban patterns 38

The jetty
The spit
The bank
The island

6   Projects 46

Hafencity, Hamburg 49
Gouden Kust, Maasbommel 57
Acquavista, Almere 63
Steigereiland, IJburg 69
Sausalito Bay, California (USA) 75
Nesselande, Rotterdam 81
H2O Wonen, Zeewolde 87
Stadswerven, Dordrecht 93
Het Nieuwe Water, Westland 97
Westflank, Haarlemmermeer 103

7   Market and scope for policy 106
Housing preferences
Development and policy

Appendix 114

Design tools

List of projects 122
About the authors 124
Illustration credits 125
Credits 126

1   HafenCity, Hamburg
2   Gouden Kust, Maasbommel
3   Acquavista, Almere
4   Steigereiland, IJburg
5   Sausalito Bay, California
6   Nesselande, Rotterdam
7   H2O Wonen, Zeewolde
8   Stadswerven, Dordrecht
9   Het Nieuwe Water, Westland
10   Westflank, Haarlemmermeer

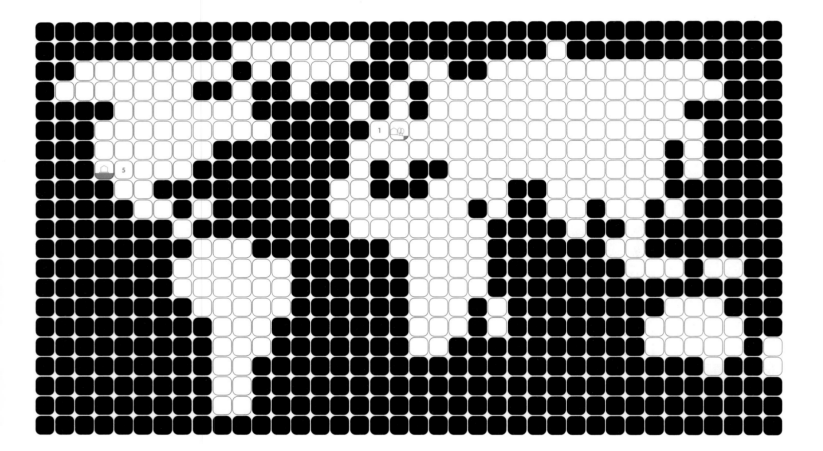

Voorwoord

Foreword

De relatie tussen stedelijke ontwikkeling en water is in Nederland in korte tijd 180 graden omgedraaid. Terwijl het nog maar enkele decennia geleden is dat stedelijke ontwikkeling en stedelijke vernieuwing bijna vanzelfsprekend gepaard gingen met het dempen of droogmalen van plassen, meren, grachten, kanalen en havens, met het inlijven en inpolderen van buitendijkse gebieden, het verleggen en ophogen van dijken en het steeds meer ruimte afsnoepen van rivierbeddingen, is nu het omgekeerde het geval. Er lijkt inmiddels een brede consensus te heersen dat er meer ruimte moet komen voor water. Meer ruimte voor de rivieren, maar ook meer ruimte voor oppervlaktewater in de steden, voor tijdelijke berging van de toenemende hoeveelheden regenwater, voor het tegengaan van verdere bodemdaling en van zoute kwel.

Wat betekent dit precies voor de stad zelf? Die vraag is vooral relevant omdat tegelijkertijd sprake is van een ander proces in de stedelijke ontwikkeling, dat we kunnen samenvatten met de term 'kwaliteitsdiscussie'. Een algemene zorg om de 'verrommeling' van steden en landschappen is een breed besproken onderwerp geworden, niet alleen in de professionele wereld van ontwerpers, maar ook in het publieke debat in kranten, op TV en in tal van bijeenkomsten van locale architectuurcentra.

De in 2008 verschenen architectuurnota van het rijk spreekt van de noodzaak van een renaissance van de stedenbouw, met meer aandacht voor ruimtelijke kwaliteit. Het ministerie van VROM startte daarop een programma 'Mooi Nederland', terwijl het Stimuleringsfonds voor de Architectuur een speciaal 'stimuleringsprogramma stedenbouw' instelde.

Voor het vraagstuk 'water in de stad' betekent dit dat het van het grootste belang is aan de orde te stellen hoe oplossingen voor dit vraagstuk tevens kunnen bijdragen aan het ontwikkelen van nieuwe betekenisvolle stedelijke structuren.

Tot dusver is al veel aandacht besteed aan 'waterwonen' in de vorm van prijsvragen en kleine experimenten. Deze aandacht werd tot dusver gedomineerd door enerzijds futuristische vergezichten van complete drijvende steden, waarbij we soms erg sterk herinnerd worden aan de 'artist impressions' van de gebroeders Das uit de jaren zestig en zeventig. Anderzijds lag bij deze experimenten de nadruk op technische oplossingen in verband met stabiliteit, aansluitingen op de wal, en dergelijke. Dit laatste is zeker belangrijk, maar waar het tot dusver vooral aan ontbrak is een systematische benadering van de vraag hoe wonen op het water bij kan dragen aan een nieuwe, duurzame en betekenisvolle vorm van stedenbouw. Dat is precies wat in dit boek gebeurt.

Met dit overzicht van gerealiseerde en nog te realiseren projecten in binnen- en buitenland, en de systematische benadering van de verschillende stedenbouwkundige principes, is een belangrijke bijdrage geleverd om het stedelijk watervraagstuk en het vraagstuk van stedenbouwkundige kwaliteit met elkaar in verband te brengen. 'Waterwonen' blijkt niet zozeer een probleem te zijn dat opgelost moet worden, maar blijkt nieuwe kwaliteiten en samenhangen mogelijk te maken die voor steden geheel nieuwe perspectieven bieden. Ik hoop dat het boek aanleiding en inspiratie zal zijn voor ontwerpers, opdrachtgevers, planners en bestuurders om verder te gaan met deze stedenbouwkundige verweving van water en stedelijk wonen.

Han Meyer
Hoogleraar stedenbouwkundig ontwerpen TU Delft

Within a short period the relationship between urban development and water in the Netherlands has been completely reversed. Just a few decades ago urban development and urban regeneration almost always involved the filling in or draining of lakes, canals, waterways and harbours, annexing and impoldering areas adjacent to the rivers, repositioning and raising dykes and reclaiming river beds. Now the opposite is true. The new consensus is that we need more space for rivers, for surface water in cities and for the temporary storage of ever-larger volumes of rain water to limit further subsidence and saline seepage.

What exactly does this mean for the city? Widespread concern about urban and rural clutter has made it a hot topic in the world of professional designers and in public debate in the media and at meetings organized by local architecture centres. The government's 2008 policy document on architecture calls for a renaissance in urban design that devotes more attention to spatial quality. In response the Ministry of Housing, Spatial Planning and the Environment initiated a programme called 'Mooi Nederland' (Beautiful Netherlands), while the Netherlands Architecture Fund launched a special urban design incentive programme.

It is absolutely vital that we explore how solutions to the matter of water in the city can contribute to the development of meaningful new urban structures.

Amphibious housing has received a great deal of attention in competitions and small-scale experiments, much of it dominated by futuristic vistas of floating cities, some of which evoke artists' impressions by the Das brothers from the 1960s and 1970s. But such experiments have tended to emphasize technical solutions to matters like stability and connections to onshore facilities. The latter is certainly important, but what has been missing so far is exactly what this book is all about, a systematic approach to the question of how water-based housing can contribute to a new, durable and meaningful form of urban design.

This survey of realized and intended projects at home and abroad and the systematic approach to the various urban principles constitutes a major contribution to the effort to link the issues of urban water and urban design quality. Amphibious housing is less a problem that needs a solution than a springboard for new qualities and connections that can provide cities with entirely new perspectives. I hope this book will inspire designers, clients, planners and government to continuing intertwining water and urban living.

Han Meyer
Professor of Urban Design, Delft University of Technology

Motieven
voor water-
wonen

1

Reasons
for living
on water

Dichtbevolkte terpen in Groningen en Friesland, dorpswerven op Marken en oude huizen op rivierdijken laten zien hoe men zich in Nederland vroeger wapende tegen het water: door op een verhoging te gaan wonen. Het repertoire aan waterwoningen is inmiddels aanzienlijk gegroeid, waarbij de bescherming tegen het water het belangrijkste motief is gebleven.

Extreme klimaatvoorspellingen en recente rampen zoals de verwoesting in New Orleans door orkaan Katrina zorgen voor hernieuwde aandacht voor het thema waterveiligheid. De zeespiegel stijgt, pieken en dalen in de waterafvoer van rivieren nemen toe en polders klinken in. In het licht hiervan zijn in Nederland gebieden met verschillende invloedssferen te onderscheiden: gebieden waar de zee van invloed is, gebieden waar rivieren van invloed zijn en gebieden waar zowel rivieren als zee van invloed zijn. Met name in het laatste geval kan het water flink opstuwen. Ondanks het feit dat de werkelijke ontwikkeling van het klimaat met onzekerheden is omgeven, staat vast dat steeds meer maatregelen moeten worden genomen om bescherming te bieden tegen het water.

Van oudsher doet men dat in Nederland door het indijken van gebieden of het bouwen op verhogingen. Daarnaast wordt in het geval van buitendijkse gebieden steeds vaker gekeken naar het 'flood proof' maken van bebouwing, waarbij de inzet van waterwoningen een grote rol speelt. De aansprakelijkheid in het geval van overstromingen, waarover al lange tijd een politieke discussie woedt, is in dit kader een belangrijke factor. Indien het schaderisico in overstromingsgevoelige gebieden bij particulieren komt te liggen en de meerkosten van het 'flood proof' bouwen opwegen tegen de mogelijke schade, dan kan deze bouwwijze een interessante oplossing zijn om het risico te beperken.

De belasting van de Nederlandse hoofdwater- en rioleringssystemen is in de loop der jaren toegenomen. Daarom voert de overheid het beleid om regenwater in toenemende mate lokaal op te vangen en vertraagd af te voeren, waardoor het hoofdwatersysteem wordt ontlast. Aantasting van het waterbergend volume, door de bebouwing en verharding van gebieden, dient gecompenseerd te worden. Er is dan ook een norm voor de hoeveelheid oppervlaktewater die in nieuwe woongebieden nodig is voor de berging van regenwater. Momenteel is deze norm 10% van het te ontwikkelen oppervlak. In nieuwbouwgebieden is er dus steeds meer oppervlaktewater hetgeen kansen biedt voor waterwoningen.

Voor ontwikkelaars is het aantrekkelijk wanneer oppervlaktewater een dubbele bestemming krijgt als waterberging én woningbouwlocatie. In dat geval kunnen er binnen een nieuwbouwgebied namelijk meer woningen ontwikkeld worden terwijl de dichtheid gelijk blijft. Zolang de behoefte aan zowel waterberging als woningen in Nederland, waar de ruimte schaars is, blijft toenemen, ligt het dan ook voor de hand dat deze twee programma's elkaar steeds verder zullen gaan overlappen. Dit pleit voor de toepassing van waterwoningen.

Open water zorgt voor variatie in het landschap en roept associaties op met kwaliteiten als rust, ruimte en vrij zicht. Woningen aan het water maken gebruik van deze associaties en bieden de bewoners directe 'waterbeleving' – één van de belangrijkste redenen

Densely inhabited mounds in Groningen and Friesland, village boatyards on the island of Marken and old houses nestling on river dykes all give ample testimony to how people in the Netherlands in the past have learnt to accommodate themselves to rising water by living on raised ground. The repertory of water dwellings, detailed in Chapter 3, has since grown considerably.

Predictions of extreme climate changes and recent weather disasters such as Hurricane Katrina have refocused attention on water safety. Sea levels are rising, the fluctuations of river levels are increasing and polders are settling. Certain areas in the Netherlands can be classified as those influenced by the North Sea, those influenced by rivers and those influenced by both the tides and rivers. In the latter category the water level can rise sharply. Despite the fact that specific climate predictions are shrouded in uncertainty, it is nevertheless a fact that many further measures must be taken in the Netherlands to guard against, or to take advantage of, flooding.

The oldest protective measures in the Netherlands were to enclose land with dykes or to build on mounds. Outside the dykes attention is being given to flood-proof construction, particularly the use of water dwellings. Liability in the case of flooding has long been a topic of political debate. If the risk of damage in areas vulnerable to flooding is borne by private individuals then flood-proof building that minimizes possible damage becomes commercially interesting.

The pressure on the Dutch water drainage and sewerage systems will only increase over time. The government's current policy is to capture rainwater at the local level and to drain it off gradually to relieve the drainage system. There is a need to compensate for a decrease in the water storage volume brought about by construction and hard surfacing. The statutory requirement that 10% of the area under development must now be set aside for the containment of rain water in new residential developments offers new opportunities for water dwellings.

Surface water, now that it is being given the double designation of water storage and housing, is increasingly attractive to developers. More dwellings can be developed in a new housing estate whilst still retaining the specified density. As long as the need for both water storage and housing increases in the Netherlands, where land is scarce, it goes without saying that the two programmes will increasingly overlap, providing strong arguments for the construction of water dwellings.

Open water adds variation to a landscape and invokes feelings of tranquillity and space, along with attractive views. Living on the water can only gain from such associations, offering their residents the immediate attraction of the experience of water, a prime reason that living in water dwellings is so popular, boosting their resale value to a level higher than homes ashore.

As a wide canal behind a house can be enough to create a feeling of space and to form a natural barrier between back gardens, the mandatory surface area given over to water storage in new housing estates is often positioned to give as much opportunity as possible for building dwellings both alongside and on the water.

waarom waterwoningen zo geliefd zijn bij bewoners. De grote populariteit drijft de prijzen van de woningen op. Ze kosten doorgaans meer dan hun tegenhangers die niet aan het water liggen.

Een brede sloot achter het huis kan al voldoende zijn om een gevoel van ruimte te creëren en een natuurlijke barrière te vormen tussen achtertuinen. Daarom wordt het 'verplichte' water in nieuwbouwprojecten vaak zó ingezet dat het zo veel mogelijk ruimte biedt om woningen in en aan het water te realiseren.

Ook langs stedelijk water ontstaat steeds meer ruimte voor waterbeleving. Enerzijds is het wonen aan het water aantrekkelijker geworden doordat na eeuwen strijd het water redelijk onder controle is. Door de aanleg van rioleringssystemen, waterzuiveringsinstallaties en voorschriften voor zware industrie is het water niet langer het open riool en de bron van besmetting die het ooit was. Anderzijds is er vaak nog ruimte aan de waterfronten doordat de industrie- en havengebieden die hier van oudsher lagen, de stad uit trekken. Ook zijn veel Nederlandse riviersteden, ondanks dat hun centrum aan het water ligt, maar aan één zijde van het water ontwikkeld doordat het water als barrière werkte. Hierdoor is er bij die steden aan de overzijde van het water veel ruimte voor ontwikkeling en wagen steeds meer steden een 'sprong over de rivier'. Die ruimte biedt een mogelijkheid, en soms ook noodzaak tot het ontwikkelen van waterwoningen.

Bouwen op en aan het water biedt dus een uitkomst wanneer locaties vrijkomen. Daarnaast vormt het sinds jaar en dag een oplossing bij gebrek aan woonruimte. Zo is als gevolg van de woning-

nood in de naoorlogse periode een groot aantal afgedankte binnenvaartschepen in gebruik genomen als woning, wat de historische ontwikkeling van de drijvende woning in Nederland inluidde.

Nederlanders hebben door de eeuwen heen het water al gecontroleerd en verdrongen. Een groeiende bevolking en schaarste aan landbouwgrond waren de reden om grote plassen in te polderen. Ook in het huidige tijdperk zoeken de grote steden naar extra ruimte op het water. Dit gebeurt deels door het opspuiten van land, zoals in het geval van de Tweede Maasvlakte in het Rotterdamse havengebied en het nieuwe stadsdeel IJburg in Amsterdam. Maar ook door gebouwen direct in het water te plaatsen zoals de Silodam in Amsterdam die op betonnen palen in de bodem van het IJ is gefundeerd. Hierdoor worden de kosten van het winnen van bouwgrond bespaard.

Los van deze hoofdmotieven voor waterwonen – waterveiligheid, waterbeleving en economie – wordt in de ontwerpen van waterwoongebieden steeds meer geanticipeerd op bijkomende voordelen en potenties van het waterwonen. Zo zorgt de verplaatsbaarheid van drijvende woningen voor een zekere mate van vrijheid op de lange termijn en kunnen drijvende voorzieningen door meerdere steden gedeeld worden.

In de Haarlemmermeer willen overheidsorganisaties extra zoet water in het gebied inzetten als wapen tegen het opkomende kwelwater. Ook voor polders die steeds verder inklinken zou meer water in de polder uitkomst bieden. Het inklinken wordt veroorzaakt doordat het veen dat aan het polderoppervlak in aanraking komt met de

Experiencing water is also possible in urban areas. The increased attractiveness of living on the water after centuries of dreading inundation, indicates that the population feels that water levels are now under control. The construction of sewerage and water purification systems as well as regulations governing heavy industry means that canals and rivers are no longer open sewers. Space is becoming increasingly available on the waterfronts formerly given over to industry and docksides. Many Dutch riverside cities whose centres are on the water have historically developed on only one bank or the other because the water acted as a barrier. They are discovering that there is ample space to develop on the other side of the water, encouraging a leap across the river. Such situations present the opportunity, and sometimes the necessity, to develop water dwellings.

Building on the water and along water frontages has long been a solution to housing shortages whenever suitable locations become available. In the period following World War II many unused river barges were pressed into service as dwellings, initiating the historical development of the floating home in the Netherlands.

Over the centuries, the Dutch have fought to control flooding; a growing population and the scarcity of agricultural land led to the draining and reclamation of large bodies of water. Even today, the bigger cities are looking to the water for extra space by dredging up sand, as for example in the creation the Tweede Maasvlakte in Rotterdam harbour and the new city district of IJburg in Amsterdam. The Silodam building in the harbour of Amsterdam stands above the water on concrete piles driven into the bed of the IJ, neatly avoiding the expense of creating land.

The design of residential water areas increasingly anticipates further advantages to living on the water. The mobility of floating homes creates a certain measure of long-term freedom; owners of floating homes can have them towed by tugs from one city to the next.

In the Haarlemmermeer municipal organisations want to use extra fresh water as a weapon against the rising seepage of seawater; more water in the polder would help prevent the settling that occurs when the peat on the surface of the drained polder comes into contact with the air, dries out, and shrinks.

Large-scale plans show that the growth and structural improvement of the present water transportation system can open up many locations that are interesting but difficult to access and make them attractive for development of all kinds.

Some disadvantages to living in water dwellings are the restricted availability of moorings and the status of movable property, seen as obstacles to the financial stability of floating accommodation, making the securing of a mortgage difficult. There are also the technical difficulties of the floating home sinking, or listing in one direction or another, or leakage, though such problems can readily be solved.

Living on the water is still associated with the image of traditional houseboats, for which reason dwellings on or in the water, still in the pioneering stage, do not yet have the same economic value as onshore dwellings. The appeal to designers and residents of living in floating or amphibious homes in the Netherlands is evident; their numbers can only grow.

lucht, opdroogt en slinkt. Dit wederom is het gevolg van het weg-
pompen van water om het land droog te houden.

Daarnaast zijn er grootschalige plannen die laten zien hoe door
groei en structurele verbetering van het huidige watervervoerssys-
teem veel interessante locaties aan het water, die nu slecht bereikbaar zijn, beter ontsloten kunnen worden en daarmee aantrekkelijk
worden voor ontwikkeling.

Overigens worden niet alleen voordelen genoemd in relatie tot
waterwonen. De sterke afhankelijkheid van ligplaatsen en de eventuele roerend goed status zijn belemmeringen voor de waardevastheid van een drijvende woning, wat het verkrijgen van een hypo-
theek bemoeilijkt. Daarnaast zorgen technische aspecten zoals
scheefstand of lekkage, alhoewel deze technisch goed oplosbaar
zijn, voor koudwatervrees.

Waterwonen heeft tot op zekere hoogte nog te maken met het niet
altijd even positieve imago van de oude woonschepen. Daardoor
hebben de waterwoningen op of in het water, die zich nog in een
pioniersstadium bevinden, nog niet altijd dezelfde economische
waarde als de woningen aan het water.

Ondanks dat het aantal plannen voor waterwoningen in Nederland
nog altijd vele malen groter is dan het aantal gerealiseerde waterwoningen, staat vast dat ze bij ontwerpers en bewoners tot de verbeelding spreken en in aantal blijven groeien.

Waterwoon gebieden

2

Dutch water typologies

Waterwoningen zijn er in vele soorten en maten. De keuze voor een type waterwoning hangt in belangrijke mate samen met het 'water-type' van de locatie waar de woning komt te liggen. De Nederlandse rivierdelta kent een grote diversiteit aan locaties en bijbehorende 'watertypen' waar om verschillende redenen voor waterwoningen gekozen kan worden.

De zee

De Noordzee en Waddenzee vormen het grootste waterlichaam van Nederland. De zee is weids en grillig en kan afhankelijk van het getijde en de wind extreme omstandigheden veroorzaken aan de kust. Duinen en dijken vormen de primaire waterkering en zijn de reden dat de overheid zich terughoudend opstelt als het gaat om bouwen aan de kust. Permanente strandbebouwing is dan ook slechts sporadisch aanwezig en meestal beperkt tot recreatieve functies. De constructies staan op hoge palen zodat ook zware stormen met hoge golven niet voor problemen zorgen. Tijdelijke bebouwing daarentegen komt veel vaker voor; de eveneens veelal recreatieve bebouwing, hoofdzakelijk strandpaviljoens en vakantiehuisjes, wordt in het voorjaar opgebouwd en in het najaar weer van het strand verwijderd.

Achter duinranden bevinden zich badplaatsen die vaak door een boulevard of dijk met het strand verbonden zijn, maar verder geen relatie hebben met het water. Ook bij badplaatsen die direct aan zee liggen heeft de bebouwing, anders dan door het adembenemende uitzicht, vaak geen directe relatie.

Bouwen aan de kust of in de zee is technisch geen probleem zoals de booreilanden op hoge palen in de Noordzee laten zien. Ook aan plannen en visies voor het bouwen op zee is zeker geen gebrek. Drijvende autarkische steden, opgespoten eilanden of een drijvende luchthaven: heel wat ontwerpen zijn de revue gepasseerd, maar de werkelijke bouwactiviteiten zijn vooralsnog beperkt.

In Nederland heeft de zee door haar stuwende werking bij een westerstorm ook invloed op de waterveiligheid langs de rivieren. Bij een combinatie van storm met springtij en hoge rivierafvoeren kan het water tot ruim 80 km landinwaarts opgestuwd worden. Dit scenario geldt alleen indien de beweegbare hoogwaterkeringen in de delta open blijven en lijkt irrelevant aangezien deze gesloten worden wanneer de omstandigheden dat vereisen. Echter, bij het vaststellen van waterwerende maatregelen langs de rivieren wordt rekening gehouden met een bepaalde, kleine faalkans van de zee-weringen.

De rivieren

De Nederlandse rivieren kennen aanzienlijke peilfluctuaties. Smelt- en regenwater in het stroomgebied van de rivieren zorgen voor een toename van het waterpeil terwijl perioden van droogte zorgen voor een afname. Als gevolg van de voorspelde klimaatveranderingen worden de uitersten in het waterpeil naar verwachting steeds groter. De bebouwing in het rivierbed moet daarom bestand zijn tegen fluctuaties van meerdere meters.

Water dwellings in the Netherlands come in all manner of shapes and sizes, depending entirely on the water type. The Dutch river delta, for example, provides a wide variety of water types and many locations that developers and builders of water dwellings find attractive.

The sea

The biggest bodies of water in the Netherlands are the North Sea and Wadden Sea, both vast and capricious and, depending on the tide and the wind, capable of inflicting extreme conditions on coastal areas. As the littoral sand dunes and sea dykes are the primary sea defences the government is particularly reluctant to grant permission for any building along the coast.

Permanent buildings on the beach are rare and usually reserved for leisure purposes. Structures stand on tall piles to withstand the most violent of winter storms. Temporary buildings are far more common, mostly for leisure purposes, beach and holiday huts or catering establishments erected in spring and dismantled in autumn.

Seaside resorts behind the dunes are often connected to the beach by a boulevard or embankment, but otherwise have no relationship to the water. In seaside resorts that directly border the sea most buildings have no direct link to the water either, except for their breathtaking views.

From a technical point of view building on the coast or in the sea poses no problems, as drilling platforms in the North Sea demonstrate. Nor is there a shortage of plans and ideas for building at sea. Floating, self-sufficient cities, artificial islands and a floating airport: plenty of designs have been put forward, but actual developments have been few.

In the Netherlands the sea has an impact on water safety along the rivers because of surges brought on by westerly gales. A combination of storm- and spring-tides and high river discharges that till recently could cause water to be pushed up to 80 km inland can now be blocked by the automatic closing of the storm surge barriers in the delta and the port of Rotterdam. Even so, water defence measures have been introduced along the rivers to allow for small margins of error in the operation of the storm surge barriers.

The rivers

The water levels of Dutch rivers are subject to considerable fluctuation; melt water and heavy rain in the catchment can fill every emergency river expansion basin while periods of draught can cause the river level to drop considerably. Water level extremes in future decades are expected only to increase as a result of predicted climate change. Developments in the riverbed must therefore to be able to withstand fluctuations of many metres.

The centres of old riverside towns often lie right beside the water, necessarily defended by very high quaysides that tend to get in the way of any direct relationship between the city centres and the water. With water levels rising, the quays are subject to increasingly

De centra van oude riviersteden liggen vaak aan het stroombed van de rivier. Hoge stadskades staan een directe relatie tussen de centra en het water vaak in de weg. Nu het waterpeil blijft stijgen lopen de kades steeds vaker onder en zijn in veel steden aanvullende beschermingsmaatregelen nodig. Buiten de stadscentra zijn de buitendijkse gebieden vaak ontwikkeld tot industrie- en haventerreinen of woonwijken. Ook deze gebieden lopen kans op wateroverlast door de toenemende veranderingen in het waterpeil. De grootschalige havengebonden industrie trekt in veel steden steeds verder weg van het centrum. Daardoor komen herstructureringslocaties vrij in buitendijks gelegen gebieden. De bouwplannen die daarvoor worden ontwikkeld, bevatten steeds vaker waterwoningen of zelfs hele flood proof wijken waarbij het water over de kades en door de openbare ruimte kan stromen zonder schade aan te richten.

frequent flooding; many towns and cities require additional protective measures. Outside city centres, areas adjacent to the river have been in the past built up into industrial estates, docklands or residential areas that now face a rising risk of flooding. In many cities the large-scale port-related industry is being moved a long way from the centres, freeing up locations on the floodplains for imaginative amphibious and floating redevelopment. The construction plans for such areas often feature water dwellings or even entire flood-proof neighbourhoods where the water can flow across the quays and through public spaces without causing any damage.

On top of more-frequent water-level fluctuations, shipping and strong currents carry risks for developments in a riverbed. Additional measures are needed to prevent ships that have gone off course from ramming a building and to prevent objects floating down the river, such as tree trunks, from causing damage. Ships carrying hazardous materials can also pose a risk. The establishment of a development-free zone along the river could be a solution.

Rural areas beside the rivers feature a great many lakes that are remnants of old riverbeds or the result of sand or gravel extraction and are directly connected to a river. They have the water-level fluctuations of rivers without the accompanying commercial shipping or strong currents. As such they are both safe recreational areas and perfect testing grounds for water dwellings that rise and fall with the water level.

The first two amphibious projects to be carried out under the government's EMAB (experiments in adaptive housing) programme,

Naast toenemende peilfluctuaties vormen ook de scheepvaart en sterke stromingen risico's voor bebouwing in het stroombed van een rivier. Zo zijn aanvullende maatregelen nodig om te voorkomen dat schepen die uit koers raken een gebouw invaren, en om te voorkomen dat losse objecten zoals boomstammen die worden meegevoerd door de rivier, schade veroorzaken. Schepen die gevaarlijke stoffen vervoeren kunnen een risicofactor zijn. Het instellen van een bebouwingsvrije zone langs de rivier kan daar een oplossing voor bieden.

In landelijke gebieden langs de rivieren bevinden zich veel plassen. Ze zijn veelal een overblijfsel van een oude rivierloop of het resultaat van zand- of grindwinning, en staan in open verbinding met een rivier. Ze kennen wel de peilfluctuaties van rivieren, maar niet de bijbehorende beroepsvaart of sterke stromingen. Dat maakt ze niet alleen tot veilige gebieden met een hoge recreatieve waarde, maar ook tot ideale proeftuinen voor waterwoningen die meebewegen met het waterpeil.

De eerste twee amfibische projecten die zijn uitgevoerd in het kader van het programma EMAB (Experimenteren Met Aangepast Bouwen) van de rijksoverheid, namelijk Gouden Kust in Maasbommel en Marina Oldehuuske in Roermond, liggen dan ook allebei in plassen die in verbinding staan met een rivier. Maar ook in de rivierbeddingen zou amfibisch bouwen een oplossing zijn die goed aansluit bij het beleid van overheden. Dat beleid houdt kort samengevat in dat het stroombed niet kleiner mag worden en dat de rivieren waar mogelijk meer ruimte dienen te krijgen.

the Gouden Ham in Maasbommel and Marina Oldehuuske in Roermond, are both in lakes connected to a river. Amphibious housing in river beds could be another solution that reflects government policy that riverbeds should be neither reduced in width or depth but instead, where possible, the river should be given more space.

Amphibious housing is extremely flexible, an attractive element given that in time it may emerge that water levels are rising even more rapidly, or a building may turn out to be more durable than anticipated.

The lakes

Even as targeted government policy is giving rivers more space, Dutch lakes are showing a reverse trend. The IJsselmeer, the country's biggest lake by far, has regularly undergone development and reclamation over the years. Almere has drawn up plans for additional, large-scale expansion on the water, while new residential islands have been created for the extension of Amsterdam.

That trend is offset by the creation of new lakes when specific polders are no longer pumped dry, a method known as de-poldering, that converts farmland into areas for recreation, water storage or water-based living. Examples include Het Nieuwe Water in Westland in the province of Zuid-Holland and De Blauwe Stad in Oldambt in the province of Groningen.

Lakes are stretches of water surrounded by land whose level is subject to seasonal variation in the water supply from rivers and in

Afgezien van het feit dat amfibisch bouwen aansluit bij het overheidsbeleid is het zeer flexibel. Dat kan van pas komen als door de jaren heen blijkt dat het water harder stijgt, of een gebouw langer blijft staan, dan waar men op geanticipeerd had.

De meren

Daar waar rivieren de ruimte krijgen door gericht overheidsbeleid, laten Nederlandse meren een omgekeerde trend zien. Zo is het IJsselmeer, verreweg het grootste meer, in de loop der jaren steeds verder bebouwd en ingepolderd. Almere heeft plannen voor aanvullende, grootschalige uitbreiding op het water en bij de uitbreiding van Amsterdam zijn nieuwe wooneilanden opgespoten.
Hier staat tegenover dat nieuwe meren ontstaan door de bemaling van polders te beëindigen. Dit principe, ontpoldering, maakt het mogelijk een gebied te gebruiken ten behoeve van recreatie, waterberging of waterwonen. Voorbeelden zijn Het Nieuwe Water in het Zuid-Hollandse Westland en De Blauwe Stad in het Groninger Oldambt.

Meren zijn door land omringde watervlaktes. Het waterpeil wordt door de seizoenen heen beïnvloed door de watertoevoer uit rivieren en de hoeveelheid neerslag. Ook beleidsmatige gebruikskeuzes zoals de inzet als zoetwaterbuffer voor irrigatie en drinkwater spelen een rol. Het waterpeil van de grote meren in Nederland is doorgaans gereguleerd om de verschillende gebruiksfuncties te borgen. Dit maakt het mogelijk om te bouwen met waterwoontypen die niet flexibel hoeven te zijn ten opzichte van onverwachte verschillen in het waterpeil, al kan het peil door nieuwe inzichten en beleid altijd veranderen. Zo deed de Deltacommissie een voorstel waarin het waterpeil van het IJsselmeer 1,5 meter verhoogd zou worden ten behoeve van de zoetwatervoorraad. Bij de keuze van geschikte waterwoontypen speelt de waterdiepte, die sterk kan variëren binnen een meer, ook een grote rol: aan de randen van meren is het water doorgaans minder diep waardoor het funderen op opgespoten eilanden of palen goed mogelijk is, terwijl het in diepere delen lastig kan zijn om waterwoningen te verankeren.

De scheepvaart speelt bij meren een minder belangrijke rol dan bij rivieren, doordat het wateroppervlakte relatief groot is en de beroepsvaart gebruik maakt van vaargeulen. Dit maakt de meren tot geschikte gebieden voor woningen en recreatie.
Harde wind kan op de grote meren zorgen voor behoorlijke golven. Bij waterwoningen die langs diep, open water gelegen zijn worden daarom vaak golfbrekers aangelegd. Van oudsher gebeurt dit door net als bij buitendijkse jachthavens lange, verharde strekdammen in het water te leggen. Er zijn tegenwoordig echter steeds meer experimenten met meer natuurlijke oplossingen om golven te breken, zoals bijvoorbeeld drijvende rieteilanden.

Plassen en sloten

Nederland kent een groot aantal plassen en sloten, die sinds jaar en dag worden gecreëerd ten behoeve van afwatering en veenwinning. Daarnaast worden tegenwoordig in bouwprojecten steeds meer plassen gegraven om aan de norm voor oppervlaktewater te voldoen.

precipitation as well as policy decisions on the use of lakes as fresh water buffers for irrigation and drinking water. The water levels of the great lakes in the Netherlands are regulated to safeguard their particular uses, making it possible to build water-dwelling types that need not be adaptable to unexpected water level fluctuations, even though levels can always change in response to new insights and policies. The Delta Committee, for example, proposed to raise the water level of the IJsselmeer by 1.5 metres to boost the fresh water supply. Water depth, which can vary greatly in a lake, can dictate the choice of suitable water dwelling types: the water along the edges of lakes is generally shallow, making artificial islands and piles suitable foundations, whereas securing properties in deeper water can be difficult.

Shipping is of lesser consideration on lakes than it is on rivers, making lakes suitable areas for housing and recreation.

Strong winds can cause high waves on the great lakes; properties along deep, open water are often fitted with breakwaters, traditionally long, solid dykes in the water of the type used to protect marinas, but more natural ways of breaking the waves, such as floating reed islands are now being trialled.

Shallow lakes and channels

Down through history the many lakes and channels in the Netherlands were created for drainage or as a result of peat cutting. Nowadays they are often dug by project developers to meet statutory surface

water standards. Such lakes and channels tend to be only a few metres deep while their water level is controlled to the millimetre. The lakes that are used for rainwater harvesting and overflow have a fluctuating level. In extreme cases the amount of water can double and is not always of a decent quality, so overflow is only used in emergencies as the water's eco system has difficulties coping. Some lakes and channels are either not connected to the waterways network at all or only by locks, which limit the leisure opportunities they present. All the same, lakes and channels are attractive leisure sites, albeit on a small scale.

The controlled, low water level of lakes and drainage channels allows for the construction of many different types of water dwellings. It is important, however, to leave enough space underneath floating structures to guarantee the proper flow of water.

Canals and waterways

The canals and waterways in the Netherlands are man-made and managed. Unlike the lakes and drainage channels with their mostly natural sloping banks, they often have a hard bank in the shape of a dyke or a quay. They are usually connected to the waterways network by locks and used as recreational links. Many houseboats are moored in the canals and waterways of the big cities. They are popular because they have the character of a detached house, which is unique for city centres. The fact that there are no other types of water dwellings can be accounted for by legislation: living on canals and waterways is regulated via an allocation system of mooring places that forbids any water dwellings other than houseboats.

Flood relief areas

Water dwellings are not limited to areas often or always covered in water. They can be a solution in areas which are only inundated in exceptional cases, the flood relief areas behind old seawalls, on floodplains and in deep polders that traditionally feature a wide range of water-dwelling types.

Natural inundation occurs only in the form of uncontrolled flooding, but overflow areas and water bypasses are increasingly created for water safety management through controlled flooding, a development that encourages experiments in water-based housing. As the inundation of a rural area usually leaves a thick sludge after the water has gone down it is often preferable to flood an area permanently and to simply allow the water level to rise further when needed.

Over het algemeen zijn deze plassen of sloten slechts enkele meters diep en is het waterpeil gecontroleerd. De plassen die worden gebruikt voor regenwateropvang en piekoverlaat kennen een fluctuerend peil. Een piekoverlaat kan grote gevolgen hebben doordat de hoeveelheid water in extreme gevallen kan verdubbelen en lang niet altijd van goede kwaliteit is. Aangezien het ecosysteem in het water daar niet goed tegen bestand is wordt een piekoverlaat dan ook alleen in geval van nood toegepast. Sommige plassen en sloten zijn niet of slechts via sluizen verbonden met het vaarwegennet wat de recreatieve mogelijkheden beperkt. Desondanks zijn plassen en sloten, op kleine schaal, aantrekkelijke recreatiewateren.

De gecontroleerde, lage waterstand maakt dat in plassen en sloten veel verschillende waterwoontypen kunnen worden toegepast. Bij drijvende woningen moet er wel op worden gelet dat onder het drijf-lichaam genoeg ruimte overblijft voor een goede doorstroming van het water.

Vaarten en grachten

De vaarten en grachten in Nederland zijn door de mens aangelegd en gecontroleerd. In tegenstelling tot de plassen en sloten met hun veelal natuurlijke oevergradiënten hebben ze vaak een verharde oever, bijvoorbeeld in de vorm van een dijk of kade. Ze zijn meestal, al dan niet via sluizen, gekoppeld aan het vaarwegennet en worden als recreatieve schakels gebruikt. In de vaarten en grachten in de centra van de grote steden zijn veel woonboten afgemeerd. Ze zijn daar erg populair doordat ze het karakter hebben van vrijstaande

woningen, wat uniek is voor de binnensteden. De reden dat er geen andere typen waterwoningen te vinden zijn kan verklaard worden door regelgeving: wonen in de grachten en vaarten wordt gereguleerd door middel van de toekenning van ligplaatsen waarop geen andere typen waterwoningen dan woonarken zijn toegestaan.

Inundatiegebieden

Waterwoningen worden niet alleen toegepast in gebieden waar vaak of altijd water is. Ook in gebieden waar slechts in uitzonderlijke gevallen water komt, de zogenaamde inundatiegebieden, kunnen waterwoningen een uitkomst bieden. In dergelijke gebieden, zoals achter oude zeedijken, in uiterwaarden en in diepe polders zijn van oudsher dan ook veel verschillende waterwoontypen te vinden.

Van nature treedt inundatie alleen op in de vorm van 'ongecontroleerde' overstroming. Geleidelijk aan worden steeds vaker over-loopgebieden en 'bypasses' gecreëerd om deze in te zetten voor waterveiligheidsbeheer in de vorm van gecontroleerde overstroming. Deze ontwikkeling gaat hand in hand met experimenten op het gebied van waterwoningen. In de praktijk betekent inundatie van landschappelijk gebied regelmatig dat, na het verdwijnen van het water, een modderpoel ontstaat. Er wordt daarom vaak besloten een gebied permanent onder te dompelen en bij inundatie het peil te verhogen.

Waterwoon typologieën

3

Water dwelling typologies

Drijvende woningen
Floating houses

Waterwoningen kunnen worden getypeerd naargelang de wijze waarop zij gefundeerd zijn en in relatie staan tot het water. Een deel van de typen is van oudsher aanwezig in Nederland, andere typen zijn nieuw, zoals de amfibische woning, of geëvolueerd, zoals de bebouwing die geïntegreerd is in dijken en voortkomt uit oude dijkwoningen.

Drijvende woning

Drijvende woningen in Nederland vinden hun oorsprong in verbouwde schepen. Met name in de periode na de Tweede Wereldoorlog kregen veel schepen op deze manier een herbestemming. Daarnaast ontstonden ook de woonarken, de archetypische woonboten die doorgaans zijn gefundeerd op een betonnen bak. Ze zijn altijd populair geweest in een nichemarkt en hebben het imago van een soort vrijstaat. Grachten en kanalen in de grote steden vormen hun natuurlijke habitat, maar de benodigde ligplaatsen worden door restrictief beleid steeds schaarser.

Het arsenaal aan drijvende objecten maakt de laatste jaren een forse groei door. Zo krijgt bijvoorbeeld de 'drijvende woning' steeds meer de ruimte: een nieuw type woning dat drijft en tegelijkertijd qua vormgeving en bouwwijze op de huidige landwoning lijkt. Daarnaast bevatten recente ontwerpvoorstellen bijvoorbeeld drijvende tuinen, wegen, parkeerplaatsen en, op aanzienlijk grotere schaal, een drijvende gevangenis.

Een belangrijk en zichtbaar verschil tussen landwoning en waterwoning is het drijflichaam, ook wel onderbouw genoemd. Wat de fundering is voor een landwoning, is het drijflichaam voor een waterwoning. Er bestaan verschillende varianten; naast beton, dat bekend is van de traditionele woonark, zijn schuim en kunststof producten steeds populairder als constructiemateriaal.

Een drijvende woning ligt direct in het water. Dit betekent dat bewoners golven beleven in de vorm van schommelingen en dat krakend ijs oorverdovend kan doorklinken in de woning. Voor veel bewoners is dit de charme van een drijvende woning, voor sommigen het nadeel. Er bestaan echter vele technische oplossingen en snufjes om de 'ongemakken' van drijvend wonen te verlichten. Scheefstand en schommelingen zijn bijvoorbeeld te voorkomen door de woning aan een geleidingspaal te leggen.

De drijvende woning is niet gevoelig voor fluctuaties in het waterpeil. Wel verandert bij een variabele waterhoogte de relatie met de vaste wal. Dit is een reden om bijvoorbeeld loopplanken, nutsleidingen en kabels flexibel uit te voeren. Daarnaast moet bij ontwerp en constructie een minimale waterhoogte onder de woning gewaarborgd worden om voldoende doorstroming te garanderen en daarmee voldoende waterkwaliteit.

De wettelijke status van een drijvende woning hangt in belangrijke mate af van de wijze waarop de woning verankerd is. Kort samengevat geldt: wanneer de woning verplaatst kan worden heeft ze de status van een boot, en daarmee roerend goed; wanneer de woning vast verankerd is, wordt ze beschouwd als een reguliere woning, en dus onroerend goed.

Water dwellings can be categorized by their foundations and their relationship to the water. Some types date from a long way back, others are new to the Netherlands, such as the amphibious house, or have evolved, like buildings that are incorporated into dykes and derive from the old dyke houses.

Floating dwellings

Floating dwellings in the Netherlands have their origins in converted ships; many were adapted to residential use in the aftermath of World War II. Then came the houseboats, usually built on concrete barges, that have always been popular within their niche and have the image of a free state. Canals and waterways in the big cities are their natural habitat, though restrictive policies are making their necessary moorings increasingly scarce.

The range of floating structures on offer has grown considerably in recent years. The floating dwelling, for example, is steadily gaining ground: a new type of house that floats yet resembles a land-based property in its design and construction. Designs now feature floating gardens, roads, parking spaces and, on a much larger scale, a floating prison.

An important and obvious difference between a land-based and a water-based dwelling is the floating concrete caisson, the base. The foundations of a land-based property have their counterpart in the water dwelling's several versions of floating base; the traditional concrete and, increasingly, foam and plastic.

A floating home is in direct contact with the water; residents feel the property rolling on any disturbance of the water and the sharp whipping noise of creaking ice can be very loud inside an icebound houseboat. Many residents find that part of the charm of living on the water; others do not. There are, however, plenty of technical solutions and devices to alleviate the discomforts of a floating life. Heeling, listing and rolling, for example, can be prevented by attaching the structure to a mooring pole.

The floating dwelling is unaffected by fluctuations in the water level, other than variations of its height in relation to the land. Gangways, sewage pipes and cables should be flexible and both design and construction must allow for a minimum one metre of water beneath the property to guarantee an adequate flow of water and to ensure good water quality.

The legal status of a floating dwelling depends directly on how it has been anchored: when the dwelling can be moved it has the status of a boat and is hence defined under law as movable property; when the dwelling is securely attached to the land it is considered to be a regular dwelling and hence real estate. A defining condition of Dutch housing tax hinges on the term 'unmoveable'.

Amphibious house

The amphibious house is a dwelling type that sits on land but is capable of floating, designed for locations subject to major water level fluctuations and generally built in flood-prone areas, such as

Amfibische woning

De amfibische woning is een type woning dat op het land staat en tegelijkertijd kan drijven. Dit type is ontworpen voor locaties met grote peilverschillen en vindt zijn toepassing doorgaans in overstromingsgevoelige gebieden, zoals de directe omgeving van rivieren of inundatiegebieden. De woning heeft iets avontuurlijks: bij hoog water verandert zowel het landschap rondom de woning als de aard van de woning zelf – van 'vast op de grond' naar drijvend in een meertje of rivier.

De amfibische woning lijkt op de drijvende woning, maar er zijn essentiële verschillen tussen de twee typen. Zo valt het drijflichaam van de amfibische woning droog in tijden dat er geen water staat. De onderbouw is dan beeldbepalend en wordt daarom weggewerkt in de grond of dunner uitgevoerd, in schuim of kunststof.
Een tweede verschil is het krachtenverloop in de onderbouw. Wanneer de woning op het land staat, ontbreekt de gelijkmatig verdeelde opwaartse druk van het water die de woning ondervindt in drijvende toestand. Daarom wordt het drijflichaam van een amfibische woning doorgaans steviger uitgevoerd dan dat van een drijvende woning.

Het grootste verschil tussen drijvende en amfibische woningen is de aansluiting op de openbare infrastructuur zoals wegen en leidingen. Amfibische woningen worden in Nederland hoofdzakelijk toegepast op locaties waar hoge waterstanden slechts zelden voorkomen, maar in het geval dat ze optreden, wel extreem zijn. De infrastructuur is vaak niet berekend op deze uitzonderlijke situaties, wat betekent dat een woning in drijvende toestand geïsoleerd komt te liggen. Voor de avonturiers onder ons een geweldig spektakel en een adembenemende ervaring.

Om grote peilverschillen te kunnen opvangen wordt vaak gebruik gemaakt van leidingen met een grote flexibiliteit. Geleidingspalen zorgen dat de woning bij hoog water op dezelfde plaats blijft liggen. De woning kan langs deze palen omhoog en omlaag bewegen. Bij het gebruik van één paal blijft de woning stabiel op haar plaats, maar kan wel roteren; bij het gebruik van twee palen is de positie gefixeerd en rotatie onmogelijk. De hoogte van de geleidingspalen wordt bepaald door de te verwachten peilverschillen, soms tot 5 meter. Bij woningen in gebieden waar dergelijke grote fluctuaties kunnen optreden, domineren de palen daardoor vaak het beeld. In recente ontwerpen worden ze daarom weggewerkt in de woning.

Paalwoning

Paalwoningen worden hoofdzakelijk toegepast in ondiep water of op land dat droogvalt, en waar geldt dat eventuele fluctuaties in het waterpeil goed te voorspellen zijn. Kustgebieden, inundatiepolders en plassen die dienst doen als regenwateropvang, zijn voorbeelden van geschikt terrein.

Paalwoningen lijken in veel opzichten op landwoningen zoals die in de lager gelegen delen van Nederland worden gebouwd. In beide gevallen rusten de woningen op betonnen of houten palen, maar

the immediate vicinity of rivers and flood relief areas, i.e. land designated as a basin, or repository, for excess water to relieve flooding. Such a house exudes an air of adventure: at high water the landscape around the property changes as does the nature of the property itself – from secure on dry land to floating in a lake or river.

Although the amphibious house resembles the floating dwelling, there are some essential differences between the two types. The distinctive caisson of the amphibious house is exposed when there is no water, which is why it is either concealed in the ground, reduced in size or made of foam or plastic.

A second difference is the distribution of forces in the base. When the property is sitting on land it lacks the even upward force of the water which it experiences when it floats, so the caisson of an amphibious house is more robust than the concrete barge of a floating dwelling.

The biggest difference between floating and amphibious homes is their connection to the public infrastructure such as roads, sewers and mains electricity. In the Netherlands amphibious houses are built where high water levels are rare but extreme when they do occur. The infrastructure is often not designed to cope with such exceptional circumstances, which means that a floating property can become isolated. For the adventurous among us this amazing spectacle is a positive experience.

Flexible pipes are used to absorb major differences in water level. Mooring poles ensure that the property can move up and down yet

Paalwoningen
Pile dwellings

alleen bij paalwoningen steken die palen boven de grond of het water uit. De onderste bouwlaag bevindt zich daardoor op enige afstand boven het maaiveld of het wateroppervlak. Net als bij land- woningen zorgt de paalconstructie voor een vaste en stabiele ver- binding met de ondergrond. De keerzijde van de vaste verbinding is het gebrek aan flexibiliteit met betrekking tot het waterpeil. Indien dat hoger wordt dan het niveau waarvoor de paalwoning is ontwor- pen, zal deze onderlopen.

In kustgebieden wordt doorgaans een grote veiligheidsmarge opge- nomen in de hoogte van de palen, zodat het water ook bij een zware storm en hoge golfslag de paalwoning niet binnendringt. Technisch gezien is het overigens mogelijk om paalwoningen in dieper water toe te passen, buiten het kustgebied – denk aan de booreilanden in de Noordzee. Dit vereist echter een sterke en zware constructie met navenant hoge kosten.

Doordat het water bij een paalwoning zichtbaar onder de woning door kan stromen, wordt de waterbeleving versterkt. Dit woning- type is dan ook populair in natuurlijke gebieden omdat het de omge- ving 'in tact' laat. In combinatie met steigers als verbinding met de vaste wal, kan zo een idyllisch beeld gecreëerd worden wat aan- trekkelijk is voor natuurliefhebbers.

Ook wordt deze manier van bouwen ingezet om op een goedkope manier extra 'bouwgrond' in het water te verwerven. Zo is bijvoor- beeld de Silodam in Amsterdam, een groot appartementengebouw, op betonnen palen in het water geplaatst zonder dat een kostbare landaanwinning nodig was.

Amfibische woningen
Amphibious houses

remain fixed in place at high water. If only one pole is used the property remains in place but is capable of rotating; two poles used make rotation impossible. The height of the mooring poles is determined by the anticipated differences in water level, which can be as high as five metres. In areas where such huge fluctuations may occur, the poles tend to be a visually dominant feature; in recent designs they are concealed inside the property.

Pile dwellings

Pile dwellings are built in shallow water or on tidal flats, coastal areas, flood relief areas or lakes used for the collection of rainwater where any fluctuations in the water level can be predicted. Pile construction can exploit cheap building space in the water.

Pile dwellings have much in common with the land-based dwellings built in low-lying areas of the Netherlands. Both types of housing rest on concrete or wooden poles, or piles, except that in the case of pole dwellings the poles protrude a good deal out of the ground or the water, keeping the lowest part of the building some distance above the ground or maximum water level. Just as with land-based dwellings built on piles driven in to be flush with the ground's surface, the pile construction of a water dwelling provides a secure and stable connection with the ground. The downside of this otherwise secure connection is the lack of flexibility; if rising water exceeds the level for which the dwelling was designed then the property will flood.

Water dwelling typologies

Terpwoningen
Terp dwellings

Terpwoning

In de kustgebieden en langs de grote rivieren zijn van oudsher woningen op terpen gebouwd om ze te beschermen tegen hoog water. Deze kunstmatige verhogingen dragen individuele boerderijen of complete dorpen, en steken ondanks erosie en afgraving nog altijd enkele meters boven het omringende landschap uit. Een terp houdt niet alleen een woning of boerderij droog, maar biedt voldoende ruimte om bij hoog water ook het vee en de voedselvoorraden hoog en droog te stallen.

De terpwoning heeft een vaste verbinding met het land en kent, net als de paalwoning, een maximale waterhoogte waarbij de bebouwing droog blijft. Een terpwoning, met haar stevige verankering en verhoogde grondstuk, voelt intuïtief vaak veiliger aan dan bijvoorbeeld een drijvende woning, maar is feitelijk minder veilig doordat ze bij extreem en onverwacht hoog water onder kan lopen en er dan geen uitweg is.

Traditionele terpen liggen meestal verspreid in het landschap en zullen slechts in extreme gevallen worden ingesloten door water. De terp ligt dan geïsoleerd als een eiland in het landschap. Moderne terpen worden bijvoorbeeld gevormd door een parkeergarage of waterdichte plint die bij hoog water in het water staat. In tegenstelling tot de historische terpen die midden in het landschap liggen, bevinden deze varianten zich soms ook bij een normaal waterpeil in of aan het water. Vaak kennen ze een hogere bebouwingsdichtheid en beschikken ze over evacuatie verbindingen met een ander, hoger gelegen buurt of stadsdeel voor het geval hoog water optreedt.

Dijkwoning

Zee- en rivierdijken, in Nederland vanaf de middeleeuwen aangelegd om het land te beschermen tegen het water, vormen van oudsher een populaire vestigingsplaats. Op veel dijken zijn karakteristieke dorpslinten te vinden; ook bieden ze vaak plaats aan doorgaande wegen. Een deel verloor in de loop van de geschiedenis zijn oorspronkelijke functie doordat nieuwe dijken en polders werden aangelegd, maar bleef wel in gebruik als veilige, hoger gelegen vestigingsplaats.

Een dijkwoning kan boven op een dijklichaam staan, maar ook op het hellende talud. In dat laatste geval is de woning meestal om de dijk heen gebouwd en loopt schuin af. Hierdoor houden de dijkwoningen bij hoog water altijd een verbinding met de doorgaande infrastructuur op de dijk. De lager gelegen delen van de woning en de tuin lopen wel risico op overstroming bij hoog water.

Er bestaan zowel binnendijkse als buitendijkse dijkwoningen, met als voornaamste verschil dat de kans op wateroverlast in het binnendijkse gebied aanzienlijk kleiner is. Veel buitendijkse woningen zijn dan ook goed afgestemd op het optreden van hoge waterstanden en voorzien van flood proof oplossingen. Binnendijkse woningen daarentegen zijn veelal als veilig beschouwd en slecht beschermd tegen de gevolgen van bijvoorbeeld een dijkdoorbraak.

Het Nederlandse waterveiligheidssysteem moet vanwege de voortdurend veranderende omstandigheden doorlopend worden getest en verbeterd. Nu er veel dijkversterkingsprojecten in de planning staan, blijkt hoe lastig het kan zijn dat een woning vast zit aan een

In coastal areas developers tend to factor in a generous safety margin for the height of the piles, so that even during violent storms and high surges no water will get inside. From a technical point of view pile dwellings can also be built in deeper water, beyond the immediate coastal area – think of the drilling platforms in the North Sea – though that would require a robust and heavy construction at high cost. Seeing water flowing underneath the pile dwelling intensifies the experience of the water and makes that type of home popular in areas of natural beauty as it leaves the natural surroundings intact. With jetties providing a link to dry land, the result is an idyllic image likely to appeal to nature lovers.

Terp dwelling

In coastal areas and along the big rivers dwellings have traditionally been built on the artificial mounds the Dutch call terps as refuges from high water. Whole farms or entire villages find safety just a few metres above any likely floodwater. A terp will keep a house or a farm dry and provide enough space for cattle and food storage.

The terp dwelling is connected to the land and, like the pile dwelling, remains dry until a maximum water level has been reached. It intuitively feels safer and more secure than a floating dwelling, despite in fact being less safe because at extreme and unexpected high water it can flood, with no means of escape.

Traditional terps are scattered around the countryside and will be surrounded by water only in extreme cases, becoming islands.

Modern terps can take the form of a multi-storey car park or a water-proof platform. In contrast to the historical terps, which are out in the countryside, modern terps are sometimes built in or beside the water. They commonly have a greater building density and feature evacuation routes to other, higher neighbourhoods or parts of town in the event of high water.

Dyke house

Sea and river dykes, built in the Netherlands since the Middle Ages to protect the land from water have traditionally been popular places of settlement. Many old dykes feature distinctive ribbon-shaped villages and are often the preferred route of through roads. Over time some have lost their original function when new dykes and polders were built, but they continued to be used as safe, higher ground.

A dyke house can sit on top of the dyke itself but also on its incline. In the latter case, the property is usually stepped back down the sloping side of dyke so that at high water the dyke houses retain their connection to the infrastructure on the dyke. Lower parts of a house and garden on the outer side of the dyke will be at risk of flooding.

Dyke houses can be built on either side of the dyke, the main difference being that the danger of flooding is considerably less on the landward side. Many waterside properties are therefore designed to withstand high levels of water and fitted with flood-proof solutions. Houses on the landward side, on the other hand, are generally

waterkerende dijk. Op sommige locaties moeten dijken verlegd, verhoogd of verbreed worden om aan aangescherpte veiligheidsnormen te voldoen. De dijkwoningen zijn echter vaak nog niet aan vervanging toe wat de gewenste ingrepen belemmert. Op dit nieuwe spanningsveld tussen waterbescherming en woongenot wordt er steeds meer aandacht besteed aan het integreren van dijken en gebouwen. Hierbij ontstaan nieuwe typen dijkwoningen waarbij de grens tussen dijk en gebouw soms vervaagt en het gebouw zelf het waterkerende element wordt.

In nieuwe waterwoongebieden worden ook steeds vaker dijken gebruikt als esthetisch element. Ze zijn niet altijd waterkerend maar worden bijvoorbeeld ingezet als een soort langgerekte terp die een droge infrastructuur garandeert. Daarnaast worden dijken in dergelijke plannen ook gebruikt als een ontwerpmiddel om een duidelijke relatie met, en een begrenzing van het water te markeren.

Woning aan het water

Een groot deel van de woningen in Nederland die in de volksmond betiteld worden als waterwoning, zijn 'woningen aan het water'. Bij dit woningtype staan de waterbeleving en het zicht op het water doorgaans centraal. Ze worden bij voorkeur aangelegd op een veilige afstand van het water, bijvoorbeeld op een hoge kade bij een rivier, of op een talud bij een plas of meer, waarbij een tuin eventueel als overgang naar het water dient. Bij woningen met een traditionele tuin aan de waterzijde kan beplanting eenvoudig voor voldoende privacy zorgen.

Veelal wordt voor een waterwoning de definitie gehanteerd van 'een woning met één of meer zijden in het water'. De 'woning aan het water' voldoet niet aan die definitie en lijkt meer op een reguliere landwoning in de nabijheid van water. Er zijn echter een aantal aspecten die voldoende reden vormen om deze categorie toch op te nemen in de waterwoontypologie.

Zo staat een aanzienlijk deel van de woningen aan het water in buitendijks gebied en voorspellen klimaatscenario's daar een toenemende kans op overstromingen. Sommige woningen zijn daarom voorzien van flood proof maatregelen die ze tot echte waterwoningen maken. Daarnaast is de verkaveling van deze woningen in sommige gevallen aangepast aan het water waardoor er verkavelingspatronen ontstaan die kenmerkend zijn voor waterwonen.

De klimaatscenario's zorgen indirect ook nog voor een andere vorm van 'woning aan het water'. Zo heeft de overheid 10% oppervlaktewater verplicht gesteld bij de aanleg van nieuwe woonwijken. Dit word in het ontwerp van die wijken vervolgens vaak opgenomen in de vorm van brede sloten achter de woningen om deze zo om te toveren tot een 'waterwoning'. Aan dit type water wordt ook wel gerefereerd met de term makelaarswater.

Waar de overige typen waterwoningen zich veelal nog in een nichemarkt bevinden, zijn de woningen aan het water breed gewaardeerd. De populariteit staat garant voor waardevastheid van de woningen, en projectontwikkelaars bouwen dan ook graag aan het water.

Dijkwoningen
Dyke houses

deemed safe but are poorly protected against the consequences of a dyke collapse.

In view of constantly changing circumstances the Dutch flood defence systems must continuously be tested and improved. With many dyke reinforcement projects planned, the downside of having a house attached to a dyke is becoming apparent. In some locations dykes have to be moved, raised or widened to meet improved safety standards, but often the dyke houses are not in poor enough condition to be demolished by order, so planned initiatives are thwarted.

Amid this new tension between flood defences and the quality of the living environment, the integration of dykes and buildings is attracting more and more attention, leading to new types of dyke houses in which the distinction between dyke and building sometimes becomes blurred and the building itself becomes an element of water defence.

In new water-based neighbourhoods dykes are now deployed as aesthetic features. They do not always have a damming effect, but can be used as a kind of elongated terp that keeps the infrastructure dry. Such designs also use dykes to define a distinct relationship with and demarcation of the water.

Waterside living

Waterside houses tend to be all about the experience and view of the water. They are usually built at a safe distance from the water, for instance on a high river bank or on a sloping bank beside a lake,

and sometimes feature a garden as a transitional zone leading down to the water. Plantings can provide sufficient privacy for houses with a traditional garden on the waterfront.

The usual definition of a water dwelling is a dwelling with one or more sides in the water. The waterside house does not meet this definition and is much more like a regular land-based property in the vicinity of water. It does however have a number of qualities that justify its categorization as a water dwelling type.

A considerable number of waterside houses are located on flood-plains where climate change scenarios predict an increasing risk of flooding. Some properties are fitted with flood-proofing that can turn them into genuine water dwellings, and in some cases the site layout has been adjusted to the water, creating urban patterns that are typical of water-based living.

Climate-change scenarios have indirectly led to another form of water-side house. The government has stipulated that new residential neigh-bourhoods must include a minimum of 10% surface water. The design of these neighbourhoods tends to accommodate this in the form of wide ditches, or channels, sometimes called estate-agent water, at the rear of the properties that transform them into water dwellings.

While waterside houses have a broad appeal, the other types of water dwellings are still a niche market. Because the popularity of water-side houses guarantees their value, project developers are keen to make use of space bounded by water.

Stedenbouw-kundige basis-principes

4

Basic urban principles

De laatste jaren worden in Nederland steeds meer grootschalige waterwoongebieden ontworpen. Zowel op de relatief grote schaal van wijk of buurt, als op de kleinere schaal van individuele woningen, wordt bij het ontwerpen veelvuldig gebruik gemaakt van principes en middelen die niet zijn ontwikkeld met waterwoningen in het achterhoofd. Wonen op het water verschilt echter op alle schaal-niveaus van wonen op het land. Om te komen tot succesvolle ontwerpen, is het nodig om stedenbouwkundige principes en hulp-middelen, die rekening houden met de verschillen, te ontwikkelen en toe te passen. In dit hoofdstuk komen de belangrijkste aspecten rondom vier hoofdthema's aan de orde: routing, privacy, positione-ring en waterpeil.

Routing

De stedenbouwkundige opzet van de eerste waterwoonprojecten is vaak een directe vertaling van de grootste uitdaging bij waterwonen, de ontsluiting van de woningen, in een oplossing: doodlopende wegen in de vorm van steigers of landtongen. Waar doorgaande routes een motief bieden aan passanten om te slenteren, hebben ongenode bezoekers weinig te zoeken op dergelijke wegen. Die veranderen daardoor in semi-private ruimtes, een effect dat bij steigers versterkt wordt door het gebruik van hout of metaal als constructiemateriaal – voetstappen klinken dan hard door boven het water. Alhoewel veel bewoners een woonstraat met een privaat karakter als prettig ervaren, kan dit onwenselijk zijn doordat zo'n straat zich onttrekt aan het publieke domein. Een openbare functie aan het einde van de steiger of landtong biedt uitkomst: 'open zicht' kan al voldoende

zijn om de barrière voor het betreden van de steiger te slechten.

Grootschalige plannen, die bedoeld zijn om als onderdeel van een stedelijk weefsel te functioneren, kennen net als organisch gegroeide plannen vaak een grotere diversiteit aan routes. Veelal ontstaat een netwerk van routes of liggen de woningen, net zoals de woonboten in de binnenstedelijke grachten, direct aan de door-gaande weg. Het type ontsluiting heeft een directe relatie met de wijze van verkavelen en is dan ook leidend bij de categorisering van de verkavelingstypen.

Een goede ontsluiting is niet voor alle bewoners van waterwonin-gen van belang. Voor hen die rust zoeken zijn woningen te vinden die slechts via een lange steiger of per boot bereikbaar zijn.

Privacy

Open water wordt in veel ontwerpen van waterwoningen benaderd als privaat gebied, vergelijkbaar met de besloten achtertuin van een landwoning. In veel gebieden heeft het water echter een open-bare status. Het gevolg is dat de privacy bij waterwoningen in die gebieden onder druk staat, doordat zowel vanaf het water als vanaf de openbare wegen langs het water vrij zicht bestaat op private onderdelen van de woningen.

Ook op de schaal van individuele woningen speelt privacy een rol. Een voorbeeld: bij twee vrijstaande, naast elkaar gelegen waterwo-ningen geven ramen aan de zijkanten doorgaans direct zicht op de

---

In recent years more and more water-based residential areas are being designed in the Netherlands both on the relatively large scale of neighbourhood or community and on the smaller scale of individual properties. The designs often draw on principles and devices not originally intended for water dwellings; water-based living differs from living on land at every level of planning. For designs to be successful, it is necessary to develop and apply planning principles and tools that make allowance for the differences. The four most significant themes are routing, privacy, positioning and water level.

Routing

The design of the pioneer water-based residential projects were often a response to the biggest challenge of water-based living, access to the homes by cul-de-sacs in the form of jetties or spits of land. Through routes, by contrast, offer passers-by a reason to saunter. Unwelcome visitors have no business being on a jetty or a dead-end street, which residents transform into semi-private spaces, an effect reinforced by making the jetties of wood or metal – causing footfall to reverberate above the water. While many residents appreciate such a private, residential street, it can be undesirable to withdraw from the public domain. A public function at the end of the jetty or spit may present a solution: a clear view of the surrounding water can be enough to lift the barrier to setting foot on the jetty.

Large-scale developments intended to be part of an urban fabric are similar to more organic plans in that they often feature a wide

network of routes, like houseboats in Amsterdam's canals spaced along a through road. The type of access is inextricably linked to the method of subdivision and as such it is the guiding principle for categorizing the configurations.

Good access is not a prime concern for all residents of water dwellings. For those who want peace and quiet, there are homes that can be reached only by a long jetty or by boat.

Privacy

Many water dwelling designs treat open water as private space, similar to the enclosed back garden of a land-based property. But in many areas the water has a public status, meaning that when both the water and the public roads offer unobstructed views of the houses' private quarters the privacy of water homes in such areas is under pressure.

Privacy is also an issue for individual properties. An example: the side windows of two detached, adjacent water dwellings generally look out onto the neighbours. In such cases land-based dwellings often use fences to restrict the view.

There are a number of ways to prevent people in the public space or neighbours from seeing a home's private areas. Tried and tested methods include the use of buffer zones and plantings, the creation of sufficient distance between a property and its surroundings and a well-thought-out orientation. Although such basic principles apply

Toegankelijkheid
Accessibility

directe toegang
direct access

toegang via brug
access by bridge

toegang via boot
access by boat

indirecte toegang
indirect access

Probleem privacy
Privacy issues

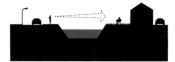

zicht van openbaar gebied op privétuin
view of private garden from public space

Privacy

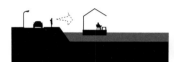   

privacy (oriëntatie)
privacy (by orientation)

privacy (objecten/beplanting)
privacy (by objects/ plantings)

privacy (afstand)
privacy (by distance)

privacy (afstand)
privacy (by private buffer)

Overig
Other

beplanting
plantings

dwarsverbindingen steigers
cross-connected between jetties

Relatie met water
Relationship to the water

vaste bebouwing
land-based houses

drijvende bebouwing
floating houses

amfibische bebouwing
amphibious houses

buren. Bij landwoningen komen in dergelijke gevallen vaak erf-afscheidingen voor om het zicht te beperken.

Er zijn verschillende manieren om te voorkomen dat de openbare ruimte of buren zicht hebben op het private deel van een woning. Beproefde methoden zijn het toepassen van bufferzones, het plaatsen van objecten zoals planten, het creëren van voldoende afstand tussen een woning en haar omgeving, of een goed doordachte oriëntatie van een woning. Deze basisprincipes gelden overigens ook voor bouwen op het land, maar op het water zijn andere ontwerpmiddelen nodig om vergelijkbare effecten te bereiken als op het land.

Bufferzones kunnen in uiteenlopende varianten worden ingezet om de privacy van waterwoningen te bevorderen. Zo kan een steiger of landtong als doodlopende straat een private indruk wekken en daarmee tot buffer worden. Een voortuin of niveauverschil kan de bufferfunctie aan landzijde vervullen bij een woning die aan het water staat, net als bij een reguliere landwoning. Achtertuin, terras of privé steiger bieden vergelijkbare oplossingen aan de waterzijde. Bij woningen met een entree direct langs een doorlopende weg zorgt een wat grotere afstand tussen de vaste wal en de woning voor bufferwerking. Overigens verandert deze werking bij grotere afstanden en is dan geen sprake meer van 'privacy door een buffer', maar 'privacy door afstand'.

Beplanting op een oever kan het zicht vanaf de openbare weg op tuinen en terrassen aan het water verhinderen. Dit vermindert echter ook het openbare zicht vanaf de weg op het water, hetgeen niet altijd wenselijk is. Een tussenoplossing is het aanbrengen van

beplanting in het water aan de voorzijde van een woning, bijvoorbeeld in de vorm van een rietkraag. Op deze manier wordt zowel privacy geboden aan de woningen als zicht over het water behouden vanaf de wal.

In drijvende bakken is het riet ook geschikt voor dieper water. Het kan ingezet worden als drijvende tuin of afscheiding tussen woningen. Bomen, op het land vaak benut ten behoeve van privacy, zijn lastig op een drijflichaam onder te brengen vanwege hun hoge zwaartepunt. Op kleine eilanden, steigers of landtongen daarentegen zijn ze wel bruikbaar.

Op het vasteland zijn schuttingen rondom een tuin een populaire methode voor het borgen van privacy. Ook rond terrassen van waterwoningen kunnen ze worden ingezet, maar de privacy die ze bieden weegt voor veel bewoners niet op tegen het verlies aan openheid en zicht. Deze prioritering geldt ook voor woningen met een tuin aan het water, waar zelden wordt gekozen voor het belemmeren van het zicht vanuit de woning op het water.

Privacy kan ook worden gecreëerd door afstand: de geïsoleerde waterwoning te midden van de natuur spreekt bij velen tot de verbeelding. De private ruimten van de woning worden bij voorkeur aan open en weids water gesitueerd met ver en ongehinderd zicht. Bij projectmatige ontwikkelingen is er door druk op de dichtheid vaak een beperkte afstand tot tegenoverliggende woningen of wegen. Alhoewel vergelijkbare afstanden zeer ruim zijn voor landwoningen, kunnen de buren dichterbij lijken dan op het land doordat zich op het water geen objecten bevinden en geluid over water verder draagt.

to building on land, water requires other design tools to achieve similar effects.

A range of buffer zones can be deployed to improve the privacy of water dwellings. A dead-end jetty or spit can create the impression of a private space and thereby become a buffer. A front garden or a difference in level can serve as a landward buffer for a waterside property, just as it does for a regular, land-based property. A back garden, patio and private jetty offer similar solutions on the waterfront. A slightly greater distance between the mainland and the property creates a buffer effect for dwellings that have their entrance on a through road, an effect that changes from privacy-by-buffer to privacy-trough-distance as the distance increases.

Greenery on a bank can obstruct the view of waterside gardens and patios from the public road but because it also blocks the view of the water from the road such a solution is not always desirable. A compromise may be to put plants in the water in front of a property, for example in the form of a reed border. While providing the dwellings with privacy this preserves the view of the water from the shore.

Reed beds in floating boxes are suitable options for deeper water, creating a floating garden or a boundary between properties. Trees, often used to foster privacy on land, are unstable on a floating house but along with shrubbery they are suitable for small islands, jetties and spits.

Garden fences are a popular privacy measure on land. They can also be used around the patios of water dwellings, but for many

residents the privacy they provide does not make up for the loss of openness and the view. A similar set of priorities applies to dwellings with waterside gardens, the residents of which rarely choose to obstruct their own view of the water.

Privacy can also be created through distance: the isolated water dwelling amidst natural surroundings has a broad appeal. The dwelling's private areas are usually situated on vast, open water with long unobstructed views. In larger developments the pressure of housing density can mean there is only a small distance between each home and the houses or roads opposite. Although comparable distances would be extremely generous for land-based dwellings, neighbours afloat can seem closer and louder than they do on land because sound carries further over water.

Many water homes show a relatively closed façade towards the land and an open façade towards the water; the property's orientation contributes to the degree of privacy. Closed side façades can be a solution for clustered properties which are surrounded by water on all sides, producing see-through dwellings oriented towards both land and water while retaining their privacy from adjacent properties.

Positioning

The relationship between dwelling and bank is an important determining factor in whether a property is perceived as a water dwelling and forms the basis for the categorization of dwelling types

Veel waterwoningen hebben een relatief gesloten gevel richting de vaste wal en een geopende gevel richting het water. Zo draagt de oriëntatie van de woning bij aan privacy. Bij woningen die geheel in het water liggen en samen een cluster vormen, kunnen gesloten zij-gevels een uitkomst bieden. Dit levert doorzonwoningen op die zich zowel op de oever als op het water richten en privacy bieden richting naastgelegen woningen.

Positionering

De relatie tussen woning en oever bepaalt in belangrijke mate of een woning als waterwoning wordt ervaren en vormt de basis voor een indeling van woningtypen in drie categorieën: de woning die gedeeltelijk op het land staat, de woning die op de grens van land en water aan de oever ligt, en de woning die in het water geplaatst is en volledig door water omringd wordt.

Woningen die geheel of gedeeltelijk op het land staan hebben de entree doorgaans op het land. De zichtbaarheid van een fysiek raakvlak tussen woning en open water vanaf het vasteland is een duidelijke indicatie dat het om een waterwoning gaat. Staat een woning helemaal op het land en bevindt het water zich achter een woning, dan hangt de status van waterwoning af van de zichtbaar-heid van het water. Dit wordt beïnvloed door de maat van de ruimte tussen bouwvolumes en de hoeveelheid objecten of beplanting in die ruimte. Het type oever speelt ook een rol. Zo geeft een talud vanaf enige afstand meer zicht op het water dan een rechte kade-rand.

Veel waterwoningen zijn direct aan een oever, geheel in het water geplaatst. In dit geval is de overgang van het vasteland naar de woning bepalend voor de herkenbaarheid van de woning als water-woning. Een kleine tussenruimte tussen land en woning, in combi-natie met goed zicht op het water rondom de woning, is voldoende. Een oever met een verschijningsvorm die refereert aan water, zoals een talud of een steiger, versterkt de relatie tussen woning en water. Ook een verlaagde ligging van een waterwoning, waardoor vanaf het vasteland over de woning heen zicht bestaat op het water, versterkt de identiteit.

Wordt de afstand tussen het vasteland en de woning groter, en het water aan de voorzijde van de woning goed zichtbaar, dan is het vanaf de oever gezien duidelijk dat het om een volwaardige water-woning gaat die midden in het water staat. Indien het water onder de woning zichtbaar is en het wateroppervlak ononderbroken doorloopt, zoals bij een paalwoning, dan ontstaat een nog sterkere waterbeleving. De woning kan dan met behulp van een brug, steiger of boot ontsloten worden. Voor de waterbeleving is het belangrijk dat het water onder een eventuele toegangsbrug zicht-baar blijft.

De waterrelatie van woningen op een terp of eiland kan benadrukt worden door de kavel via een brug met het vasteland te verbinden. Dezelfde principes die gelden voor de waterbeleving van een woning gelden dan op grotere schaal voor het kavel. De waterbeleving van een woning die zelf de relatie met het water aangaat door recht-streekse plaatsing in het water, zonder kavel, is nog sterker.

into three groups: the dwelling that is partly on land, the house on the edge of land and water on a bank and the home that is in the water and surrounded by water on all sides.

Dwellings that are entirely or partially on land tend to have their entrance on land. The presence of a physical point of contact between property and open water, as seen from the land, is a clear indication that the property in question is a water dwelling. If the property is entirely on land and the water is behind it, then its status as a water dwelling depends on the visibility of the water. That comes down to the amount of space between buildings and the number of objects and greenery in the in-between space. From a little way off a sloping bank provides a better view than a straight quay.

For water dwellings that stand in the water, right next to a bank, the transition from the land to the property determines whether or not the dwelling is perceived as a water dwelling. A small space between land and property, in combination with a clear view of the water around the dwelling, is sufficient. An embankment that is generally associated with water, such as a grassy bank or a jetty, intensifies the relationship between property and water. Its identity as a water dwelling is similarly reinforced if it is semi-sunken and allows those on the mainland views of the water over the dwelling.

When the distance between the land and the property increases and the water in front of the dwelling is clearly visible then it is obvious, from the vantage point of the bank, that the home is fully surrounded by water. If the water underneath is visible and the

water surface unbroken, as in a house on piles, the experience of the water becomes even more intense. The property can then only be reached by a bridge, jetty or boat, and it is important that the water beneath a bridge remains visible.

The proximity of water to properties on terps or islands can be emphasized with the help of a bridge linking the plot and the mainland. The same principles that apply to the experience of water in an individual property now apply to the plot, though on a larger scale. A dwelling with a direct relationship with the water, without a plot of land, provides an even more intense experience.

A dwelling with a façade that extends down into the water looks like an object in the water. The resulting hard edge between dwelling and water can be softened by the use of a terrace. The vastness of the water around a terrace has an impact on the intensity of the relationship with the water. Other objects, such as boats that are moored next to a dwelling and that are clearly in the water themselves, tend to have less of an impact on the prominence of the edge between dwelling and water.

Water level

Fluctuations in the water level can have a major impact on the way in which the residents of water dwellings relate to the water. If strict regulation ensures a constant water level then buildings can be erected close to the water, making it a safe and above all aesthetic environmental feature.

Een woning met een gevel die doorloopt in het water laat zich lezen als object dat in het water staat. De harde grens tussen woning en water die daaruit volgt, kan door de inzet van een terras worden verzacht. De weidsheid van het water rondom een terras bepaalt de impact op de waterbeleving. Andere objecten zoals boten die aangelegd zijn bij een woning en zelf ook duidelijk in het water liggen, hebben doorgaans minder invloed op de leesbaarheid van de rand tussen woning en water.

Waterpeil

Fluctuaties in het waterpeil kunnen een grote invloed hebben op de manier waarop de bewoners van waterwoningen het water beleven. Zorgt strikte regelgeving voor een constant waterpeil, dan kan er dicht op het water gebouwd worden en is het water een veilig en vooral esthetisch omgevingskenmerk.

Fluctueert het waterpeil, dan kan de waterbeleving intenser worden doordat bijvoorbeeld een deel van een tuin onderloopt, het water dichtbij een woning komt of tegen de gevel aanstaat. De invloed van peilfluctuaties op de beleefbaarheid is het meest uitgesproken bij woningen met een vaste verbinding met de ondergrond, zoals woningen aan het water, dijkwoningen, terpwoningen en paalwoningen. In flood proof gebieden waar land onderloopt en plaatsmaakt voor water, wordt een extra dimensie toegevoegd aan de waterbeleving, doordat het hele landschap rondom de woning transformeert. Dit maakt het wonen in een flood proof gebied interessant.

Een amfibische woning die gaat drijven bij hoog water geeft geen aanleiding voor zorgen over natte voeten. Integendeel, de transformatie van staand naar drijvend is juist wat de woning avontuurlijk maakt. Bij drijvende woningen is het hoge water ook beleefbaar, maar hier blijft de relatie tussen woning en water gelijk en is het de relatie tussen woning en vasteland die variabel is.

Steigers komen voor in twee varianten: drijvend en vast. Drijvende steigers bewegen mee met het waterpeil, vaste steigers zijn gefixeerd ten opzichte van de ondergrond onder het water. In het geval van grotere peilfluctuaties worden meestal drijvende steigers toegepast, waarbij een glijdende hellingbaan het hoogteverschil tussen steiger en wal overbrugt. Het hoogteverschil tussen steiger en woningen blijft constant, wat voordelen biedt voor zowel de bereikbaarheid voor minder validen als voor nutsvoorzieningen zoals riolering, gas, electriciteit of drinkwater.

Water level fluctuations intensify the experience of the water because part of the garden can be flooded or the water may even come within reach of the house. The effect of water-level fluctuations on the way the water is experienced is particularly strong in dwellings that are fixed to the ground, such as waterside, dyke, terp and pile dwellings. In flood-prone areas where flood-relief basins are inundated, the transformation of the entire landscape around the home adds an extra dimension to the experience.

The residents of an amphibious house that floats at high water need not worry about getting their feet wet. It is in fact the transformation from standing on dry ground to floating that is exactly what gives this house its edge. High water also adds an extra dimension to floating dwellings, except that here the relationship between dwelling and water remains the same while that between dwelling and land is flexible.

Jetties come in two different varieties: floating and fixed. The former move up and down with the water level, whereas the latter are immobile in relation to the substratum. Floating jetties, or pontoons, are used in areas with larger fluctuations in water level, with a sliding ramp bridging the difference in height between jetty and land. The difference in height between jetty and dwellings remains constant, which has its advantages when it comes to access for the less able-bodied and connections to public utilities such as sewerage, gas, electricity and drinking water.

Verkavelings-
typen
waterwonen

5

Urban patterns

Verkaveling speelt bij waterwonen, net als bij reguliere woningen op het land, een belangrijke rol. Een grote diversiteit aan verkavelingsvarianten is mogelijk waarbij ontsluiting en zicht belangrijke factoren zijn. De meeste varianten zijn gebaseerd op één van de vier hoofdordeningsprincipes 'steiger', 'landtong', 'oever' en 'eiland'. Deze basisprincipes worden in het navolgende toegelicht.

De steiger

Een steiger die aansluit op het land en de aangelegen waterwoningen ontsluit, is een veel toegepast ordeningsprincipe bij waterwoontypen die zich volledig in het water bevinden, zoals drijvende woningen en paalwoningen. De verkaveling refereert aan jachthavens waar boten op een soortgelijke manier aan de steigers geordend zijn.

De steiger is veelal gemaakt van hout of staal en kan op palen in het water staan of drijven. In beide gevallen bestaat een sterke relatie met het water: bij de steiger op palen stroomt het water zichtbaar onder de steiger door; de drijvende steiger bevindt zich dichtbij het water en beweegt mee met de deining. Bij de drijvende steiger wordt de relatie soms versterkt door een valbeveiliging achterwege te laten, hetgeen vanwege de beperkte afstand tot het water geen probleem is. De woningen aan een steiger liggen of staan meestal volledig in het water. Vrije ruimte tussen de woningen maakt dat goed zichtbaar en zorgt daarnaast voor zicht vanaf de steigers op het open water.

Steigers zijn doorgaans onderdeel van een doodlopende route en voetstappen klinken hard door; ze zijn vaak smal en entrees van woningen liggen dicht tegen de steigers aan. Dit geeft ze al snel een privaat karakter. De status van openbare of collectieve ruimte hangt af van de formele bestemming. Als collectieve ruimte is de steiger vergelijkbaar met de gemeenschappelijke ruimte in een flatgebouw en wordt in dat geval door een vereniging van eigenaren (VVE) beheerd. Brievenbussen en nutsvoorzieningen zijn dan bijvoorbeeld centraal georganiseerd op de kop van de steiger. Deze situatie verschilt duidelijk van de situatie waarin de steiger de status van openbare weg heeft. Nutsvoorzieningen zijn dan beschikbaar op de individuele erfgrens; daarnaast gelden voor een openbare weg andere, soms strengere brandveiligheidseisen dan voor een collectieve verkeersruimte.

Door de opname van verbredingen of niveauverschillen, bijvoorbeeld als ruimte voor beplanting of zitelementen, kan een steiger mogelijkheden bieden voor het ontstaan van 'plekken'. Op brede steigers zijn soms parkeerplaatsen voorzien, maar doorgaans is de steiger autovrij en de auto aangewezen op parkeerruimte op het land. In dat laatste geval is de loopafstand van woningen tot de parkeerruimte kleiner naarmate de woning dichter bij de oever ligt. Daar staat tegenover dat woningen die verder van de oever liggen een vrijer zicht hebben op het water. Dit soort karakteristieken zorgt voor variatie in het aanbod en biedt kopers een keuze naargelang persoonlijke voorkeuren en prioriteiten.

In het geval steigers haaks op een oever liggen, dan vallen de private ruimten van de woningen aan de steigers in het zicht vanaf de

The wide range of possible layout variations for water-based living are mostly based on one of the four organizing principles of jetty, spit, bank or island.

The jetty

A jetty provides land access to the adjacent water dwellings and is a common organizing principle for water dwelling types entirely surrounded by water, such as floating or pile dwellings, in a layout reminiscent of yachting marinas.

The jetty is commonly made of timber or steel and can either be supported by poles, also called piles, in the water or float as a pontoon. In both cases it has a strong relationship with the water; water can be seen flowing underneath the jetty on piles and the pontoon jetty moves up and down with the tides or floods. The floating jetty's relationship to the water is sometimes intensified by the absence of a safety barrier, which is not a problem because of the limited distance to the water. The dwellings moored to a jetty are usually completely surrounded by water; the space between the dwellings allows views of the open water from the jetties.

Jetties are generally narrow dead-end routes where footsteps reverberate loudly. The entrances to properties abut the jetties, which quickly take on a private character. The status of public or collective space depends on the formal purpose. The jetty is a collective space that can be compared to the communal access walkway in a block of flats, managed by an owners' association. Letterboxes and public utilities are commonly clustered at the head of the jetty, as distinct from the situation where a jetty has the status of a public road, in which case public utilities can be found at the individual property boundary. A public road is commonly subject to different, sometimes stricter, fire safety regulations than a collective traffic zone.

The inclusion of broader sections or differences in level, such as space for greenery or benches, may lead to the creation of special places on the jetty. Some wider jetties may have parking spaces, but jetties are generally car-free and cars are confined to parking space within walking distance on land. While residents of properties closer to the parking spaces have a shorter distance to walk, properties further from the shore have a better view of the water. Such characteristics introduce variation to the housing on offer and allow buyers to decide their own preferences and priorities.

When jetties are perpendicular to the bank the private quarters of the properties along the jetty can be observed from the land. If the water-based neighbourhood is made up of several parallel jetties then the private outdoor spaces of the neighbours opposite can be seen as well.

A jetty can have buildings on either side. When buildings are on only one side, the jetty forms a transition from the property's entrance to the open water. Buildings on either side tend to lend the jetty the more intimate character of an interior street. A jetty lying parallel to the bank can introduce an element of differentiation; the water between the bank and the jetty becomes a more sheltered inland waterway while the far side faces onto the open water.

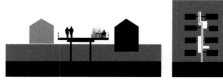

plekken
gathering places

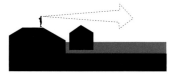

hoogte van de bebouwing (vanaf de oever)
height of buildings (view from mainland)

afstand tussen gebouwen (gezien vanaf de oever)
distances between buildings (view from mainland)

steigers
jetties

afstand tot het water
distance to the water

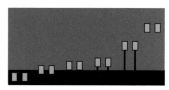

overgang woning en water
transition between dwelling and water

steigers
jetties

plaatsing ten opzichte van de wal
position in relation to the shore

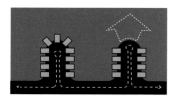

openbare functie aan het einde van een doodlopende straat
public function at the end of a cul-de-sac

Verkavelingsprincipes
Urban patterns

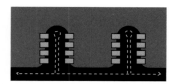

landtong
spit

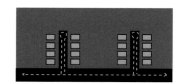

steiger
jetty

oever
bank

eiland
island

vaste wal. Bestaat de waterwoonbuurt uit meerdere, parallel gelegen steigers, dan ontstaat er ook zicht op de private buitenruimtes van de overburen.

Een steiger kan eenzijdig of tweezijdig bebouwd zijn. Bij eenzijdige bebouwing vormt de steiger een overgang tussen de entree van de woning en het open water. Tweezijdige bebouwing geeft de steiger doorgaans het meer intieme karakter van een binnenstraat. De steiger kan ook parallel aan de oever liggen en daardoor een differentiatie in het water aanbrengen: het water tussen de oever en de steiger verwordt tot een meer geborgen binnenwater terwijl de andere zijde zich opent richting het open water.

Steigers zijn geschikt voor peilfluctuatie op voorwaarde dat de palen waarlangs ze drijven of waarop ze staan lang genoeg zijn. In ondiep water met een vrij constant peil is er vaak een combinatie van een vaste steiger met drijvende woningen te vinden. De woningen zijn dan door flexibele loopplanken met de steiger verbonden.

De landtong

Een landtong is een smalle strook land die in het water uitloopt. In samenhang met het begrip waterwonen wordt de landtong ingezet om de hoeveelheid raakvlak met het water, kortweg oeverlengte, te vergroten waardoor meer ruimte ontstaat voor woningen aan het water. De landtong kent vele verschijningsvormen, variërend van een smalle dijk die als een soort vaste steiger dient tot aan een volwaardig stuk land waarop binnenwegen en stedelijke bouwblokken

alle ruimte krijgen. Als de landtong breed genoeg is wordt er meestal voor gekozen de woningen aan beide zijden van een centraal gelegen weg te leggen, maar eenzijdige bebouwing, net als bij sommige steigers, komt ook voor.

Woningen op een landtong zijn vaak tweezijdig georiënteerd met een entree aan de straatzijde en een buitenruimte aan de waterzijde. Een suburbane landtong leidt dan tot het beeld van een binnenstraat waarlangs de kavels met vrijstaande of geschakelde woningen liggen. Parkeerruimte voor bewoners en bezoekers kan zowel op kavels als langs de binnenweg worden ondergebracht. Tussen de woningen door is zicht op het water en de overgang van de woningen naar het water wordt veelal gevormd door een tuin. Op meer stedelijke landtongen vult een bouwblok doorgaans de gehele landtong. Aan de binnenzijde van dat blok bevindt zich dan een open parkeerruimte of parkeergarage en aan de buitenzijde liggen terrassen georiënteerd op het water.

Vaak ligt een landtong haaks op de openbare oever waardoor zowel het open water als de private buitenruimtes van de waterwoningen zichtbaar zijn vanaf de oever. Daarnaast worden landtongen regelmatig in serie toegepast waardoor het water tussen de landtongen het intiemere karakter van een binnenwater krijgt en er zicht ontstaat op de buitenruimten van 'overburen'.

Net als de steiger is de landtong vaak een doodlopende route wat zorgt voor een (semi-)privaat karakter. Open zicht of een publieke functie zwakt dit effect af en zorgt dat de landtong beter wordt opgenomen binnen het stedelijk weefsel. Een verbinding tussen

Jetties are suited to water-level fluctuation on the condition that the poles which they float up and down on or the piles on which they rest are long enough. The combination of a fixed jetty with floating dwellings is commonly in shallow water of a fairly constant level. The dwellings themselves are linked to the jetties by hinged gangways.

The spit

A spit is a narrow strip of land that juts out into the water. In discussing water-based living a spit is a layout method for increasing the total length of waterfrontages, thus creating more space for waterside dwellings. The spit ranges from a narrow dyke that serves as a fixed jetty to an area large enough to accommodate by-roads and urban blocks. On a broad spit the homes are usually situated on either side of a central road, though there are examples of construction on one side only, as on some jetties.

Homes on a spit commonly have a dual orientation, with an entrance on the street side and an outdoor area on the waterfront. A suburban spit will be dominated by the image of an interior street with plots of detached or semi-detached dwellings lining either side. Parking space for residents and visitors can be accommodated on the plots themselves or along the by-road. The water can be glimpsed between the properties while the transition from the dwellings to the water is often formed by gardens. On more urban spits the entire space is generally taken up by a residential block with an open parking area or a covered car park on the inside and terraces overlooking the water on the outer side.

A spit is often at a right-angle to the public embankment to ensure that both the open water and the private outdoor spaces of the water dwellings can be glimpsed from the bank. Spits can be developed in series, lending the water between them the more intimate character of an inland waterway and giving a view of their opposite neighbours' outdoor spaces.

Like the jetty the spit is generally a cul-de-sac and therefore a semi-private space. A clear view or a public function mitigates this effect and helps integrate the spit into the urban fabric. A link between the ends of two spits is rare as it can result in a network of routes that produces a perceived and physical split between an inland waterway and open water and presents a barrier to boats moored in the inland waterway.

The bank

A third common organizational principle is the ribbon of dwellings along a bank, often on a through route such as a dyke road, a city quay or the bank of a lake. Compared to dwellings on jetties and spits, banks offer a more limited view, but open spaces between the individual buildings or openings and transparent elements in the blocks can strengthen the relationship between the public road and the water. On elevated dykes or quays the height of the building may well be restricted to ensure that the water can still be seen over the dwelling.

Bankside dwellings usually have their entrance on the landward

twee uiteinden van landtongen kan een routenetwerk opleveren. Tegelijkertijd zorgt ze echter voor een gevoelsmatige en fysieke opdeling in binnenwater en open water, en creëert een barrière voor in het binnenwater afgemeerde boten. Een dergelijke verbinding komt dan ook weinig voor.

De oever

Een derde veelvoorkomend ordeningsprincipe is de lijnvormige positionering van woningen langs een oever. De woningen liggen dikwijls langs een doorgaande route zoals een dijkweg, stadskade of oever van een plas. In vergelijking met woningen langs steigers en landtongen bieden ze minder zicht op het water vanaf de openbare oever. Open ruimtes tussen afzonderlijke bouwvolumes of gaten en transparanties in bouwblokken kunnen de relatie tussen de openbare weg en het water echter versterken. In het geval dat een doorgaande oever verhoogd ligt ten opzichte van het water, zoals bij dijken en kades meestal het geval is, kan de hoogte van het bouwvolume worden beperkt zodat er vanaf de oever zicht blijft over de woning heen.

Oeverwoningen hebben hun entree meestal aan landzijde en vrij zicht over het water vanaf de achtergevel. Door de oriëntatie van de woningen op het water is de privacy, bij voldoende wateroppervlak, doorgaans goed. Een voetpad tussen tuinen en water maakt in voorkomende gevallen duidelijk dat de oever publiek domein is. Dit doet, afhankelijk van de breedte en het gebruik van de publieke strook, wel af aan de privacy van de tuinen en woningen.

Parkeerruimte wordt bij dit verkavelingsprincipe doorgaans binnen de kavel of langs de openbare weg gepland. Losse planten of een tuin zijn, net als een steiger of nadrukkelijk hoogteverschil, middelen om een privacy buffer te creëren tussen de voorzijde van de woning en de openbare ruimte. Staan of liggen de woningen geheel in het water, dan staan ze doorgaans enigszins verwijderd van de oever af en worden ze ontsloten door een loopplank.

In stedenbouwkundige waterwoonplannen waarin gerefereerd wordt aan dorpslinten, worden de vaak geheel in het water gelegen kavels volgens hetzelfde ordeningsprincipe via een brug of loopplank ontsloten vanaf de doorgaande weg.

Het eiland

Een meer exclusief ordeningsprincipe bestaat uit een geïsoleerde woning of een stuk land dat slechts per boot of brug bereikbaar is. Eilanden hebben een sterk privaat karakter en kunnen in schaal variëren van een individuele woning tot een geheel bouwblok. Daarnaast leent het eiland zich voor utopische plannen van geheel drijvende, autarkische steden. Voorbeelden van waterwonen op eilandjes zijn de archipel bij Stockholm, Zweden, met duizenden, deels bebouwde eilandjes, en de Vinkeveense plassen in Nederland met enkele eilandwoningen.

Binnen de context van waterwonen heeft een eiland doorgaans een alzijdige waterbeleving, met zicht rondom en veel privacy. Er zijn ook eilandengroepen met relatief beperkte onderlinge afstanden en

side and a clear view across the water from the rear. Because the houses are oriented towards the water they usually have enough privacy, provided the water surface is wide enough. Footpaths between the gardens and the water indicate that the bank is a public space. Depending on its width and frequency of use, a public footpath detracts from the privacy of the gardens and properties. In such a layout parking space is generally either on the plot itself or on the public road. Individual plants or a garden as well as a jetty or an emphatic difference in height are ways of creating a privacy buffer between the front of the house and the public space. If the houses are entirely surrounded by water, they tend to be at a short distance from the bank with access provided by a gangway.

In plans for water-based living that evoke ribbon villages the same organizing principle ensures that the plots, often completely surrounded by water, can be reached from the through road via a bridge or a gangway.

The island

A more exclusive organizing principle is an isolated house or a piece of land accessible only by boat or bridge. Islands have an intensely private character and can vary in scale from an individual dwelling to an entire residential block. The island also lends itself to utopian plans for fully floating, self-sufficient cities. Examples of island-based living include the archipelago of thousands of partially built-up islands near Stockholm and the Vinkeveense Plassen near Amsterdam with its small number of island homes.

Water-based living on an island offers an all-round experience of the water, with views on all sides and plenty of privacy. Islands separated by short distances can be grouped by fixed connections. Whether a plot can still be interpreted as an island depends on the relative proportions of land and water and the distance between the island and the shore. Parking space for the more private islands tends to be onshore; limited access for cars usually rules out parking on an island.

Urban islands are commonly blocks that are in or on the water and are linked to the mainland by a bridge. If well designed, the water underneath the bridge will be visible while the bridge itself will not detract from the island's sense of isolation. Despite an all-round view of the water, the positioning of the island in relation to the bank results either in a more open waterfront or a greater sense of confinement. The façades of some blocks are actually in the water, with a communal underground car park serving as the foundation. Other blocks are on piles or afloat, oriented towards the water and featuring private outdoor areas, interior parking and entrances.

vaste verbindingen. Of een kavel zich nog laat lezen als eiland is sterk afhankelijk van de verhouding tussen de hoeveelheid water en land, en de afstand tussen eiland en vaste oever. Parkeerruimte voor de meer private eilanden is doorgaans voorzien op het vasteland; de beperkte bereikbaarheid per auto staat parkeren op een eiland meestal in de weg, maar is in principe niet onmogelijk.

Meer stedelijke eilanden bestaan uit bouwblokken die in of op het water staan en via een brug met het vaste land zijn verbonden. Bij een goed ontwerp is het water onder de brug zichtbaar en doet de brug niet af aan de beleving van een geïsoleerd eiland. Ondanks rondom zicht op het water kan door de keuze van de plaatsing van het eiland ten opzichte van de oever een meer open of juist besloten waterzijde ontstaan. Sommige bouwblokken staan direct met hun gevels in het water waarbij een gemeenschappelijke parkeergarage als fundering dient. Andere blokken staan op palen of drijven. Aan de buitenzijde zijn de woningen op het water georiënteerd en bevinden zich private buitenruimtes. Aan de binnenzijde bevinden zich individuele of collectieve parkeerruimtes en entrees.

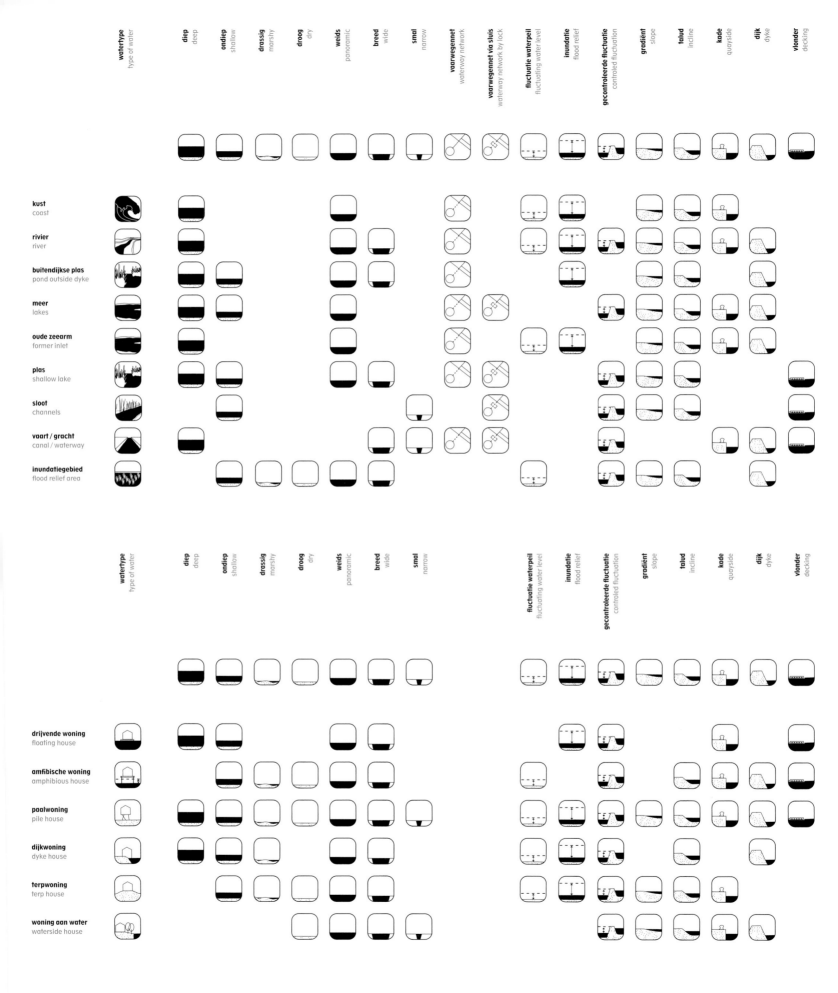

Column headers:

woningtype / type of house

drijvend / floating
amfibisch / amphibious
paalwoning / pile house
dijkhuis / dyke house
terpwoning / terp house
woning aan het water / waterside house

motieven / motives

waterveiligheid / water safety
waterbeleving / water experience
extra ruimte / extra space
herbestemming / redesignating space
dubbel bestemmen / dual land use
waterberging / water storage

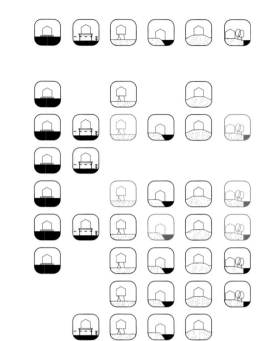

Row labels:

kust / coast

rivier / river

buitendijkse plas / pond outside dyke

meer / lakes

oude zeearm / former inlet

plas / shallow lake

sloot / channels

vaart / gracht / canal / waterway

inundatiegebied / flood relief area

Bovenstaand schema geeft voor verschillende watertypen aan welke kenmerken deze met zich meebrengen en welke waterwoontypen voor deze watertypen gangbaar zijn. Daarnaast wordt aangegeven welke motieven voor waterwonen doorgaans aan de desbetreffende watertypen gerelateerd worden.

Het schema linksonder geeft aan welke waterwoontypen toegepast kunnen worden in relatie tot enkele specifieke kenmerken van het water.

The diagram depicted above indicates the characteristics associated with various water forms, and which water dwelling types are customary for these water forms. In addition, the motives for living on water mostly associated with the different forms of water concerned are shown.

The bottom left diagram indicates which water dwelling types are suitable with regard to a number of specific characteristics of the surrounding water.

Projecten

6

Projects

HafenCity, Hamburg
2000-2030

49

Gouden Kust, Maasbommel
1998-2006

57

Acquavista, Almere
2002-2005

63

Steigereiland, IJburg
2006-2009

69

Sausalito, Californië (VS) (USA)
1965-

75

H2O wonen, Zeewolde
2007

87

Nesselande, Rotterdam
2000-2015

81

Stadswerven, Dordrecht
2011 – 2017

93

Het Nieuwe Water, Westland
2011 – 2017

97

Westflank, Haarlemmermeer
2007

103

HafenCity

Hamburg

Watertype / Type of water

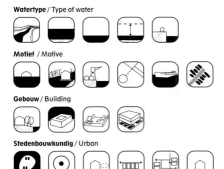

Motief / Motive

Gebouw / Building

Stedenbouwkundig / Urban

Havenstad Hamburg ligt aan de rivier de Elbe, op 110 kilometer van de monding in de Noordzee. Door de nabijheid van de zee kent de rivier bij Hamburg een getijdenwerking. Onder extreme omstandigheden kan dit, door harde wind en grote waterafvoer, zorgen voor een opstuwing van 7 meter. Waterveiligheid is daarom een belangrijk thema bij de huidige grootschalige herontwikkeling van de oude havengebieden in de stad. De plannen en ontwerpprincipes uit Hamburg kunnen dienen als veelzijdige inspiratiebron voor Nederlandse riviersteden.

Aan de herontwikkeling, waarbij enkele nabij de Hamburgse binnenstad gelegen havengebieden worden getransformeerd tot woon- en werk-gebieden, liggen twee ontwikkelingen ten grond-slag: Enerzijds viel de muur in 1989, wat leidde tot een meer centrale ligging van de stad binnen Duitsland en daarmee tot een aanzienlijke groei van de metropool. Anderzijds waren de insteekhavens in het centrum van de stad, net als veel binnenstedelijke havens in Nederland, in onbruik geraakt en daarmee beschikbaar voor een andere bestemming.

Om bescherming te bieden tegen hoog water zijn de Hamburgse insteekhavens in de periode van een eeuw waarin ze in gebruik waren, in

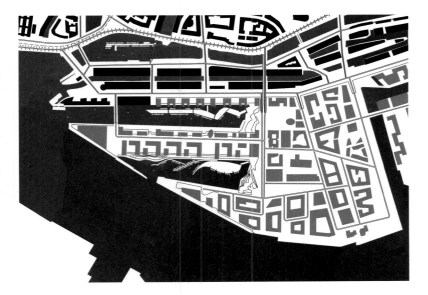

The harbour city of Hamburg lies on the Elbe River a hundred kilometres from the North Sea yet close enough to be influenced by the tides. In extreme conditions, combining a strong wind and high river levels, the water can rise by as much as seven metres. Water safety is con-sequently an important theme in any large-scale redevelopment of the old harbour section of the city. The plans and principles of design for Hamburg provide rich sources of inspiration for Dutch riverside cities.
Two developments laid the foundation for the redevelopment of the harbourside near Hamburg's city centre into residential and commercial areas: the fall of the Berlin Wall in 1989, which centralized Hamburg within a now-unified Germany and spurred its growth and the opportune fact that the docklands in the centre of the city had fallen into disuse and became available for redevelopment, as is in many Dutch inner-city harbours.

The docks in Hamburg were raised by three metres in the course of the century in which they were used, to guard against rising water. As the quays beyond the dykes remain vulnerable to flooding it was decided to flood-proof the new HafenCity, the biggest section of the redevelop-ment project.

totaal 3 meter opgehoogd. Desondanks zijn de buitendijks gelegen kades nog steeds gevoelig voor overstromingen. Als oplossing hiervoor is er bij het ontwerp van de wijk HafenCity, één van de grootste onderdelen van het herontwikkelingsproject, voor gekozen om de bebouwing flood proof te maken, wat betekent dat een hoge waterstand geen schade veroorzaakt.

Als alternatief voor flood proof bebouwing dacht men in eerste instantie aan het indijken van het gebied. Dit zou echter afbreuk hebben gedaan aan de zichtrelatie tussen de kades en het water, wat juist zo kenmerkend is voor het gebied. De doorslaggevende reden om niet te kiezen voor een dijk maar voor flood proof bebouwing, was uiteindelijk van economische aard. Bij aanvang van het plan was er onzekerheid over de vastgoedmarkt en daarmee de financiële haalbaarheid. De aanleg van een dijk zou een grote investering vooraf vragen, die alleen haalbaar was indien zekerheid bestond over de ontwikkeling van het gehele plangebied – door de enorme omvang een lastig punt. Door ieder woonblok afzonderlijk flood proof te maken groeit de investering ten behoeve van de waterveiligheid met de ontwikkeling mee en is die zekerheid niet vereist. Uiteindelijk hebben de extra kosten als gevolg van de flood proof

maatregelen geleid tot een toename van de woningprijzen van naar schatting 10%. Door de unieke locatie en de stapsgewijze ontwikkeling van het project vormt dit geen probleem voor de afzet van de woningen.

De oude kades zijn grotendeels op dezelfde hoogte gebleven (+5 meter NAP) en vangen de dagelijkse fluctuaties op. De nieuwe infrastructuur is op een veilig niveau van +7,50 meter NAP aangelegd en zorgt er voor dat zelfs bij extreem hoog water alle gebouwen bereikbaar blijven voor gebruikers en nooddiensten. De wijk Speicherstadt, die tussen het oude centrum en HafenCity in ligt en bestaat uit oude, gerenoveerde pakhuizen, bevindt zich net als HafenCity in buitendijks gebied. Hoger gelegen evacuatiewegen kruisen de bestaande, lager gelegen doorgaande wegen die op kadeniveau liggen en verbinden HafenCity en Speicherstadt met het binnendijkse deel van Hamburg. In geval van hoog water blijft HafenCity via deze evacuatiewegen bereikbaar voor voetgangers en nooddiensten.

In HafenCity hebben de nieuwe gebouwen op de kades een flood proof plint tot een hoogte van 8 meter. In deze plint bevinden zich hoofdzakelijk parkeerfuncties, bedrijven en horeca. Er is zoveel

One alternative to the flood-proofing of the new development would have been to dam the entire area. But that would have damaged the visual relationship between the quays and the water that is so characteristic of that part of the city. The definitive reason for choosing flood-proof construction rather than a dyke was economic. When the plan was launched, the uncertain real estate market compromised the financial feasibility of the project. Building a dyke would have involved major investment that would have only been realistic if there was certainty about the development of the entire planned area – a very difficult thing to achieve considering the enormous size of the project. By making each separate block flood-proof, investments in water safety grew in line with the pace of development. The extra costs involved in the flood-proofing measures increased the prices of homes by an estimated 10%. Given the unique location and the gradual development of the project, that premium has not hindered the sale of apartments.

The old quays have largely remained at the same height of five metres above the Amsterdam Ordnance Datum (NAP+5) and are able to withstand daily fluctuations. The new infrastructure has been built at a safety level of NAP+7.5 so that all the buildings will

remain accessible to users and emergency services even in the case of extremely high water. The Speicherstadt section, lying between the old centre and HafenCity and consisting of old, renovated warehouses, is also in an area outside the dykes. Higher evacuation roads cross the existing lower roads and connect both HafenCity and Speicherstadt with the section of Hamburg that lies inside the dykes. In the case of high water, the evacuation roads will ensure that HafenCity remains accessible to pedestrians and the emergency services.

In HafenCity the new buildings on the quays have flood-proof plinth courses eight metres high. The spaces under the buildings are mostly used as parking areas, commercial properties or cafes and restaurants. HafenCity has so many built-in parking facilities that there is no need for separate above-ground parking areas. In case of high water, the flood-proof areas are closed off by floodgates.

The broad quays in the public areas have been kept open to form a waterfront pedestrian area. A number of multi-level flood-proof connections have been built between the old quays and the new, higher access roads, forming an urban park in which the layered construction enables

HafenCity, Hamburg

Hafencity, Hamburg

inpandige parkeerruimte beschikbaar in Hafen-City dat er geen noodzaak is voor aparte boven-grondse parkeergarages. Bij hoog water worden de flood proof ruimten met vloeddeuren gesloten.

In de openbare ruimte zijn de brede kades vrij-gehouden en vormen ze een breed wandelgebied, 'het waterfront'. Er zijn veelal getrapte flood proof overgangen gemaakt tussen de oude kades en de nieuwe hoger gelegen ontsluitings-wegen. In de oksels van de havens vormen deze overgangen een stedelijk park waar men door de gelaagdheid dicht bij het water kan komen en het peilverschil beleefbaar blijft. In de havenbekkens zelf liggen drijvende openbare vlonders met aanlegplaatsen voor boten. Deze bewegen mee met het waterpeil en vormen een recreatieve dwaalroute in het wegennetwerk.

Bij de ontwikkeling van HafenCity is sterk ingezet op een publiek karakter van de nieuwe stads-kades. Om een levendig stadsdeel te krijgen is er gekozen voor een gedifferentieerd programma. Daarnaast zijn er veel directe verbindingen gecreëerd met de bestaande binnenstad waar-door het gebied goed toegankelijk is. Het fiets en voetgangers netwerk is zeer compact en goed verknoopt zodat het gebied aantrekkelijk en goed bereikbaar is voor voetgangers en

fietsers. Dit was voor HafenCity GmbH, de voor het project verantwoordelijk BV van de gemeente Hamburg, belangrijk vanuit het oogpunt van duurzaamheid, waaraan bij de hele ontwikkeling veel belang is gehecht.

Met de inkomsten die werden gegenereerd uit de eerste ontwikkelingen is er budget gecreëerd voor de aanleg van een metrolijn naar HafenCity. De metrolijn zal de stad nog beter met de nieuwe wijk verbinden, hetgeen noodzakelijk is om ook het volgende plangebied dat verder van de bin-nenstad verwijderd is, succesvol te ontwikkelen.

De wisselwerking tussen de stad en de havens is altijd belangrijk geweest voor Hamburg en hoort bij het imago van de stad. De maximale hoogte van de gebouwen in HafenCity is dan ook begrensd tot 8 verdiepingen zodat de oude binnenstad vanaf het water zichtbaar blijft. Andersom is ook de zichtrelatie vanuit de stad richting het water en de haven gewaarborgd door een zorgvuldige positionering van de bouw-blokken en de daarbij behorende tussenruimte die belangrijke zichtlijnen openhoudt. Wel is er een uitzondering gemaakt voor enkele bijzondere iconische gebouwen die HafenCity zullen markeren en in hoogte mogen afwijken van de standaard bouwenveloppe.

people to get close to the water and to experience the differences in water level. In the harbour basins floating public aprons with moorings for boats rise and fall with the water level and form a meandering recreational route in the road network.

An emphasis on the public character of the new city quays was essential to the development of HafenCity. It was decided to offer a varied programme to create a lively section of the city. Many direct connections to the existing inner city made the docklands easily accessible. The excellent network for cyclists and pedestrians is compact and well-interlinked, making the area attractive and accessible, an aspect important to HafenCity Hamburg GmbH, the city-owned company responsible for the project; accessibility enhanced the sustainability of the entire development.

The income generated from the initial develop-ments created a budget that will be used for the construction of an underground line to HafenCity, providing an even better connection between the city and the docklands, essential to the development of the next-planned area, further from the inner city.

The interaction between the city and its harbours has always been important for Hamburg and has shaped the image of the city. Consequently, the maximum height of the buildings in Hafen-City has been limited to eight storeys to ensure that the old inner city remains visible from the waterside. And the visual balance looking from the inner city to the water and the harbour has been secured by carefully positioning the new blocks of buildings and the spaces between them so that important sightlines are kept open. Exceptions were made for a few special iconic buildings that will mark HafenCity and have been allowed to deviate from the standard building code.

Hafencity, Hamburg

Gouden Kust

Maasbommel

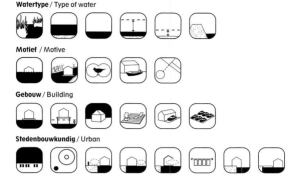

Watertype / Type of water

Motief / Motive

Gebouw / Building

Stedenbouwkundig / Urban

De Gouden Ham, een recreatieplas aan de Maas in Maasbommel, is de locatie waar sinds 2005 een project 'Gouden Kust' met 34 waterwoningen is ontwikkeld. Het project valt onder het EMAB programma (Experimenteren Met Aangepast Bouwen) van het Ministerie van Verkeer en Waterstaat en omvat 20 amfibische en 14 drijvende woningen. Binnen het EMAB programma zijn 15 buitendijkse locaties aangewezen waar mag worden geëxperimenteerd met aangepaste bouwvormen.

Door een open verbinding met de rivier de Maas is de recreatieplas onderhevig aan behoorlijke peilfluctuaties. De amfibische woningen liggen onderaan een dijkhelling op de grens van land en water. Bij een normaal waterpeil, NAP +2.60 meter, liggen ze droog en is de hellende tuin naast de woning gewoon te gebruiken. Bij toenemend waterpeil loopt de tuin geleidelijk onder en bij hoge waterstanden, boven NAP +5.10 meter, drijft de woning. Bij de ontwikkeling van het project was de verwachting dat de woningen ongeveer één keer in de vijf jaar gaan drijven.

Elke woning staat op een betonnen bak die een dubbelrol vervult als drijflichaam en kelder. Veel bewoners gebruiken de kelder als berging vanwege de beperkte hoogte van 1,5 meter –

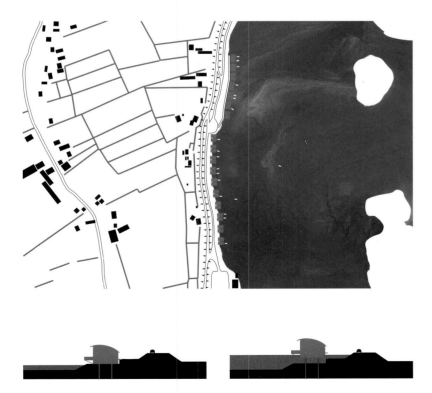

De Gouden Ham is a recreational water basin on the River Maas at Maasbommel where, since 2005, a project of 34 amphibious and floating homes has been developed. The project is part of the Netherlands' Ministry of Transport's EMAB (experimentation with adaptive construction) programme that incorporates twenty amphibious and fourteen floating residences. There are fourteen designated locations within the EMAB programme that are outside the dyke and have been granted permission to experiment using adaptive means of construction.

Its open connection with the River Maas means that the recreational water basin is subject to considerable water-level fluctuations. The amphibious dwellings are at the foot of a dyke where the land meets the water. In times of normal water levels, NAP +2.60 metres (NAP is the Amsterdam and national water level indicator), they rest on dry ground and the gardens on the slope facing the dwellings can be accessed without difficulty. When the water level rises the garden is slowly immersed and at high water levels (NAP +5.10 and above) the dwelling floats free. At the time the project was being put together it was anticipated that the structures would float about once every five years.

een hoogte die is ingegeven door een wettelijke beperking aan de toegestane oppervlakte van een recreatiewoning. Ruimtes met een hoogte tot 1,5 meter gelden niet als verblijfsruimte en tellen daarom niet mee bij het bepalen van de oppervlakte.

De opbouw op het drijflichaam is zo licht moge-lijk uitgevoerd zodat de woning daadwerkelijk kan drijven bij hoog water. Dit verklaart de keuze voor houtskeletbouw. De drijflichamen zijn twee-aan-twee gekoppeld om voldoende stabiliteit te waarborgen. Twee geleidingspalen tussen de woningen houden het geheel op zijn plek. Om wegdrijven bij hoog water te voorkomen is de lengte van de palen afgestemd op het maximaal te verwachten waterpeil. Door gebruik van een forse veiligheidsmarge zijn ze hoger dan de naastgelegen dijk.

Bij hoog water zijn zowel de amfibische als de drijvende woningen niet anders te bereiken dan per boot. De toegangsweg parallel aan de dijk ligt net als de woningen buitendijks en loopt onder bij hoog water. De steiger die de drijvende woningen ontsluit drijft wel met de woningen mee, maar staat niet in verbinding met de 'hoog-water-route' op de dijk.
De fluctuaties in het waterpeil, en daarmee de

Each dwelling sits on a concrete caisson that acts as both a pontoon and a cellar. Many residents use the cellar for storage space due to the 1.5 metres height restriction for any structure deemed to be a recreational dwelling. Spaces with a height of up to 1.5 metres are not considered to be accommodation spaces, and are therefore not included in any official determination of permitted surface area.

The construction on the pontoon has been made as light as possible to maximize the buoyancy of the dwelling in the event of high water, which explains the preference for timber-framed construction. The pontoons are attached two-by-two to ensure sufficient stability. Two poles tall enough to cope with the maximum expected water level have been driven into the ground between the dwellings to hold the ensemble in place, preventing them from coming adrift at high water. Providing a generous safety margin, the tops of the piles are higher even than the adjacent dyke.

In times of exceptionally high water, neither the amphibious nor the floating homes can be reached by boat. The access road that runs along the outside of the dyke is submerged during high water events. Although the pontoon that

60

uiteenlopende hoogtes waarop de woningen zich bevinden, vereisen flexibele aansluitingen van de leidingen op de vaste infrastructuur. Bij deze woningen hebben alle kabels en leidingen die de woningen met de wal verbinden daarom een overlengte, waardoor ze een maximale stijging van de woning van 4,5 meter kunnen opvangen. Voor water en elektra is dat relatief eenvoudig. In het geval van de aansluiting van de riolering is dit iets complexer: De toepassing van een flexibele buis vereist het gebruik van een 'grinder' die het afvalwater vermaalt voor het de buis ingaat.

De dijk ligt vrij hoog ten opzichte van de woningen waardoor er vrijwel vrij zicht is over de woningen heen. Door de twee-aan-twee groepering is de tussenruimte tussen de woningen ruim en blijft het open zicht op het water behouden. De private, veelal open tuinen bieden voldoende mogelijkheden voor een open zichtverbinding met het water. Enkele bewoners hebben hun hovenier de opdracht gegeven om een flood proof tuin aan te leggen. Door planten te kiezen die bestand zijn tegen tijdelijk hoog water wordt schade als gevolg van overstroming voorkomen. Privé terrassen aan de beschutte achterzijde van de woningen, georiënteerd op het water, zorgen voor voldoende privacy voor de bewoners.

normally gives access to the houseboats rises in tandem with the dwellings, it is not connected to the high water route on the dyke.

The fluctuations in the water level, and with it therefore the varying heights of the houseboats themselves in relation to the dyke, require flexible connections of conduits to the permanent infrastructure, all of which are long enough to accommodate a maximum rise of 4.5 metres, a relatively easy matter with mains water and electricity. But the provision of sewage connections is more complicated. The flexible tube necessitates the utilisation of a grinder that mills down the solids of the blackwater before it enters the pipe.

The dyke beside the houseboats is so high that it provides an unobstructed view over the tops of the houses. The generous space between the houseboats allows an unrestricted view of the water. The gardens do not interfere with an open line of sight to the water. Some of the residents have created flood-proof gardens by choosing plantings that can cope with occasional immersion. Terraces facing onto the water at the sheltered rear of each residence ensure sufficient privacy.

Acquavista
Almere

Watertype / Type of water

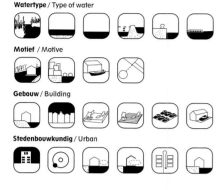

Motief / Motive

Gebouw / Building

Stedenbouwkundig / Urban

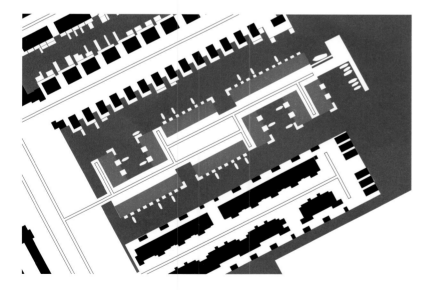

Aan de oever van de Noorderplassen, aan de noordzijde van Almere, zijn rond 2005 meerdere landtongen naast elkaar ontwikkeld. Het hart van elke landtong, elk door een andere project-ontwikkelaar uitgewerkt, bestaat uit een dood-lopende weg die loodrecht staat op de door-gaande route op de oever. Aan weerszijden van de weg liggen woningen.

Eén van de landtongen is Acquavista. Van buitenaf heeft deze landtong de verschijnings-vorm van een groot stedelijk bouwblok dat in het water staat. Uitsneden in de bouwmassa, die worden geaccentueerd door verschillen in materiaalgebruik, zorgen voor onderscheid tussen de individuele woningen en geven het project een menselijke maat. Alle woningen zijn tweezijdig georiënteerd, zowel op de binnen-straat van de landtong als op het open water dat vanuit elke woning te beleven is. De meeste woningen hebben aan beide zijden een buiten-ruimte: aan de voorzijde een tuin of balkon en aan de achterzijde een terras aan het water.

De entree van de landtong is een brug die over-gaat in een binnenstraat. De brug maakt het water om het woonblok heen beleefbaar vanaf het vaste land en is breed en open genoeg om niet als barrière te werken. De binnenstraat

Around 2005 several adjacent spits of land on the banks of the Noorderplassen, a lake on the northern edge of Almere, were laid out by separate property developers. Down the centreline of each spit runs a single cul-de-sac, or no-through-road, perpendicular to the main street along the bank. The homes on a spit line either side of the cul-de-sac.

One of the spits is called Acquavista. From a distance it looks like a large urban block in the water. Elements of the mass, accentuated by the use of varied materials, lend distinctive characters to individual dwellings and, on a human scale, to the project as a whole. Every house has a dual orientation, with views of both the open water and the interior street. Most have space on either side plus a garden or balcony at the front and a terrace by the water at the rear.

A bridge leading to the interior street provides access to the spit, and is wide and open enough not to act as a barrier. The inner street divides around a central open space that features public green areas and parking spaces. Each home has its own parking spaces beside the house.

splitst zich rondom een centraal gelegen open plek op de landtong met openbaar groen en parkeerplaatsen. Daarnaast bevinden zich parkeerplaatsen bij de woningen.

Door de combinatie van binnenstraat en open plek ontstaat ruimte om te slenteren en een route die meer biedt dan alleen een 'there and back again' gevoel, wat uitnodigend is voor bezoekers. Aan het einde van de landtong vormt een aanlegsteiger op palen in het water een aantrekkelijk einddoel van deze route. De steiger, met een ligplaats voor boten van bewoners, biedt vrij zicht over de plas en heeft een openbaar karakter door de relatief grote afmetingen. De houten constructie van de steiger zorgt voor een typisch, hol geluid bij het betreden en maakt duidelijk dat je je boven water bevindt. Het begin van de steiger sluit aan op de binnenstraat en gaat door middel van een trap over in een deel dat vlak boven het water ligt. De steiger is niet toegankelijk voor auto's en hekwerk is achterwege gelaten om het open karakter niet te verstoren.

Inhammen in de landtong zorgen op sommige plekken voor een directe verbinding tussen binnenstraat en water, waardoor het water vanaf de gehele openbare ruimte op de landtong goed

The combination of inner street and open space creates a place for strolling rather than just a utilitarian there-and-back-again route, making visitors feel welcome. A jetty at the tip of the spit is an attractive destination for strollers and visitors. The jetty accommodates residents' boats, offers a clear view across the lake and is large enough to feel like a public space. Its timberwork produces a pleasing hollow sound underfoot, reminding the casual walker that she or he is over water. The planking of the jetty leads from the interior street via a staircase to a level just above the water. To preserve the jetty's open character it is closed to cars and has no guardrail.

Inlets in the spit create several direct links between the interior street and the water, so that the water can be enjoyed from any part of the public space. The quays where the water and interior street meet have been fitted with railings for safety reasons. The inlets provide space for terraces and boats beside the homes. Modest in scale and with a relatively narrow profile compared to the water surrounding the spit of land, the inlets have an intimate feel about them. The residential terraces hover just above the water, a little lower than the house, intensifying the experience of living close to the

beleefbaar is. De kades op het raakvlak van water en binnenstraat zijn uit oogpunt van veiligheid voorzien van hekwerk. De inhammen bieden ruimte aan terrassen en boten die horen bij de woningen. Ze hebben een bescheiden schaal en een relatief smal profiel ten opzichte van het water dat de landtong omringt, waardoor ze een intiem karakter krijgen. De terrassen van de woningen bevinden zich boven het water. Ze liggen enigszins verlaagd ten opzichte van de woningen, wat zorgt voor extra waterbeleving. Bij sommige woningen is de buitenruimte zodanig uit het gebouw gesneden dat de massa zich om de ruimte heen lijkt te vouwen. Op deze manier ontstaat een interessante overgang tussen de woning en de weidsheid van de omgeving.

Een open ruimte van 30 meter tot aan de volgende landtong zorgt voor enige privacy. Onder de terrassen is de rand van het bouwblok zichtbaar en ontstaat een harde, duidelijk leesbare overgang tussen blok en waterspiegel, waardoor het water in de tussenruimte tussen twee landtongen weids aandoet. Zodra boten zijn afgemeerd is deze harde overgang tussen bebouwing en water niet meer zichtbaar. Er ontstaat een zachtere rand, gevormd door de terrassen en boten, die verder in het water ligt.

water. In some cases the outside space has been carved out of the dwelling in such a way that the mass appears to be folding itself around the space, creating an interesting transition between the home and its panoramic surroundings.

An open space of 30 metres between the spits provides some privacy. The edge of the block is visible underneath the terraces, creating a hard and unmistakable transition between the block and the water surface and making the canal between the spits look wider. Once a few boats have been moored the hard transition disappears and is replaced by a softer edge formed by the terraces and boats further out on the water, considerably reducing the impression of open space between the spits and giving it instead a more informal character.

Despite a thick fringe of reeds the water between all the spits is still clearly visible from the road on the landward side and the subtly reflective brickwork of the homes shimmers just like the wider water.

De open ruimte tussen de landtongen wordt daardoor aanzienlijk verkleind en krijgt een informeler karakter.

Vanaf de doorgaande weg over het vaste land is het water tussen twee landtongen, ondanks een flinke rietkraag, goed waarneembaar waardoor het beleefbaar blijft. De materiaalkeuze van licht reflecterende bakstenen maakt dat de stenen net als het water subtiel glinsteren in het licht en zodra de zon doorkomt, gelijktijdig oplichten.

Acquavista, Almere

Steigereiland

IJburg

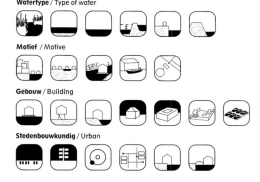

Watertype / Type of water

Motief / Motive

Gebouw / Building

Stedenbouwkundig / Urban

IJburg is een nieuw stadsdeel van Amsterdam dat is gebouwd op met zand opgespoten kunstmatige eilanden in het IJmeer. Een gedeelte van het plangebied, midden in de wijk Steigereiland, is als bergingsgebied voor oppervlaktewater opengehouden en heeft een dubbele bestemming gekregen: waterberging èn wonen.

Het waterbergingsgebied wordt doorsneden door een hoogspanningsleiding waarvoor een zogenaamde magneetveldzone is vastgesteld waarbinnen niet gebouwd mag worden. Deze zone strekt zich uit tot circa 50 meter aan weerszijden van de hoogspanningsleiding en resulteert in een brede strook met open water tussen twee waterwoonbuurten, Waterbuurt Oost en Waterbuurt West.

In Waterbuurt West liggen 55 drijvende woningen die projectmatig ontwikkeld zijn. De kades zijn bebouwd met geschakelde paalwoningen die relatief hoog zijn en uitkijken over de drijvende woningen. Ze doen daarnaast dienst als geluidsbarrière tussen de achterliggende doorgaande weg en de drijvende woningen. In Waterbuurt Oost zijn door de gemeente vrije kavels uitgegeven voor drijvende woningen, met een bouw-enveloppe van van 7 bij 10 meter,

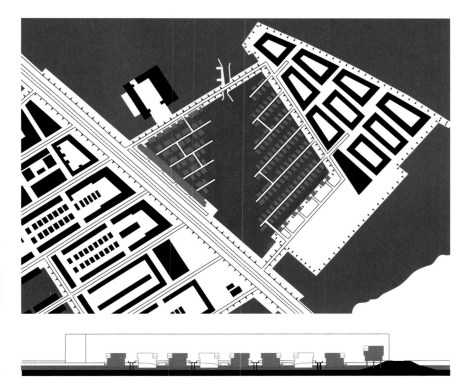

IJburg is a new area of Amsterdam built on artificial islands of dredged-up sand in the IJmeer. Part of the planning area, right in the middle of the Steigereiland neighbourhood, has been designated a surface water reservoir and earmarked for residential use and water storage.

The reservoir is crossed by high-voltage overhead power lines within whose magnetic-field zone building is prohibited. The no-build zone extends to approximately 50 metres on either side of the power lines and creates a broad strip of open water between two water-based neighbourhoods, Waterbuurt Oost and Waterbuurt West.

Waterbuurt West hosts a development of 55 floating properties. The quays feature linked pile dwellings that are relatively high and overlook the floating properties and serve as a noise barrier between the adjacent busy road and the floating properties. In Waterbuurt Oost the city council has released self-build plots for floating properties, with a building envelope measuring 7 by 10 metres, and 7.5 metres above and 1.5 metres below water within which people can build a water dwelling of their own design.

en 7,5 meter hoogte boven en 1,5 meter onder water. Deze kavels bieden particulieren een uitgelezen kans om naar eigen inzicht een waterwoning te bedenken en bouwen.

De keuze van de overheid om kavels te verkopen en daarmee drijvende woningen als onroerend goed te bestempelen heeft bijgedragen aan de grote animo voor de woningen. Tot dusver was het gebruikelijk om te werken met een systeem van ligplaatsen voor woonarken, met een onzekere juridische status. De behandeling van de waterwoning als reguliere woning op een bouwkavel betekent dat de hypotheekrente voor de bewoner aftrekbaar is. Banken bleken desondanks huiverig aangezien het risico bestaat dat het onderpand in waarde daalt door de scheiding van de woning van de kavel, of door zinken of scheefstand van het drijflichaam waarop de woning gebouwd is. Uiteindelijk bleek dat de woningen, ondanks hun onroerende status bij de overheid, toch alleen gefinancierd en verzekerd kunnen worden als roerend goed.

Het feit dat de woningen maximaal 1,5 meter diep in het water mogen liggen heeft te maken met de kwaliteit van het water onder de woning. Het open water in IJburg valt onder de verantwoordelijkheid van het waterschap, die mini-

maal 1 meter water onder de woning voorschrijft om goede doorstroming van het water en daarmee een goede waterkwaliteit te behouden. Deze maatregel zorgde er voor dat aan enkele te zwaar ontworpen woningen, die na plaatsing te diep bleken te liggen, extra drijflichamen moesten worden bevestigd.

Om afwaaien van het ondiepe water te voorkomen is een afsluitdijk met sluis aangelegd die het water van de waterbuurt afsluit van het IJmeer en tot binnenwater maakt. Op deze manier kan het waterpeil en de waterkwaliteit beter worden gehandhaafd. Als gevolg van de dijk hebben bewoners van de waterbuurt geen vrij zicht op het open water. Daarnaast is het IJmeer per boot alleen bereikbaar door een sluis in de dijk, die tegelijkertijd ook een randvoorwaarde vormt voor de afmetingen van de waterwoningen: Veel drijvende woningen zijn elders bij arkenbouwers geproduceerd en moeten via de sluis naar hun kavel in de Waterbuurt worden gevaren. Deze woningen zijn beperkt in hun afmetingen door de binnenmaat van de sluis van 9 bij 20 meter.

Zodra een woning is binnengevaren wordt deze verankerd aan één van de steigers die de kavels vanaf de kade ontsluiten. Doordat de voorge-

schreven woning-enveloppe relatief smal en hoog is zijn er heel wat woningen die in eerste instantie scheef lagen en achteraf getrimd moesten worden.

De steigers hebben de status van een openbare weg wat veel gevolgen heeft met betrekking tot de regelgeving van openbare ruimten. De betonnen steigers zijn uitgevoerd met nutsleidingen en een afzonderlijke meterkast voor iedere woning en kavel. Verder zijn de steigers ten behoeve van de regelgeving uitgerust met een vorstvaste rioleringsbuis, relingen, brandschermen en droge blusleidingen. Speciale vluchtsteigers zijn aangelegd om bij calamiteiten een veilige route te bieden voor de bewoners. De vluchtroutes staan loodrecht op de hoofdsteigers waardoor ze met elkaar verbonden worden.

Deze noodvoorziening zorgt er voor dat de steigers een klein, openbaar routenetwerk vormen wat volgens de ontwerpers het rondslenteren bevordert. In de praktijk echter zorgen de dichte verkaveling enerzijds en de beperkte afmetingen en de materialisering van de steigers anderzijds voor een privaat karakter. Als gevolg daarvan zijn de steigers weinig uitnodigend voor buitenstaanders om te betreden. Wellicht

The government's decision to sell plots and thereby designate floating properties as real estate has added to the popularity of the dwellings. There had until then been a system of berths for houseboats that had an ambiguous legal status. Because the water dwelling is treated as a regular property on a plot, the mortgage interest is tax deductible for the owner-occupier. Banks remained wary, however, perhaps concerned that the collateral might drop in value because of the separation between house and plot or because the concrete caisson on which the property was built might sink or subside. In the end it emerged that despite their real estate status in the eyes of the government, the dwellings could be financed and insured only as movable property.

The regulation that the properties must draw no more than 1.5 metres (i.e. below the water line) has to do with the quality of the water beneath the caisson. The open water in IJburg is the responsibility of the district water board, which stipulates a minimum of 1 meter of water beneath a property to guarantee proper flow and good water quality. As a result of this measure some of the heavier structures, which were found to be riding too deep after being launched, had to be fitted with extra flotation.

zijn de bewoners hiermee geholpen, want de dichte verkaveling en het grote aantal dwarsverbindingen zorgen ervoor dat de buitenruimtes van de woningen weinig privacy kennen.

Doordat er op de steigers geen objecten zoals bloembakken, zitjes of fietsen mogen worden geplaatst die de doorgang kunnen versperren, doen de steigers wat steriel aan en zijn ze zeer beeldbepalend. In Waterbuurt Oost zijn wel woningen die binnen hun kavel drijvende terrassen, tuinen of ligplaatsen voor boten hebben opgenomen. Dit zorgt voor luchtigheid (speelsheid) en afwisseling.

Dit project is de eerste gerealiseerde grootschalige waterwoonbuurt in Nederland. Regelgeving en voorschriften rondom de ontwikkeling, die door alle betrokken partijen nog moesten worden afgetast, hebben een belangrijke rol gespeeld. Belangrijke onderwerpen waren: brandveiligheid, bouwkundige eisen aan steigers, de stabiliteit van drijvende woningen en de minimale waterdiepte onder woningen.

To prevent the properties from being blown away from shallow water a dam with locks isolates the water of the water-based neighbourhood from the IJmeer and turns it in to an inland waterway, making it easier to maintain the water level and the water quality. That said, the dam has robbed residents of their clear view of the open water and the IJmeer is now accessible only by boat through a lock in the dam. The latter also limits the size of the water dwellings: many floating properties were constructed by houseboat builders elsewhere and had to be transported to their plot in the Waterbuurt via the lock. The size of their properties is therefore restricted by the lock's internal dimensions of 9 by 20 metres.

As soon as a dwelling enters the water it is attached to one of the jetties that provide access to the plots from the quay. Because the building envelopes were relatively high and narrow quite a few properties were out of balance at first and required adjustment.

The jetties have the status of a public highway and are therefore subject to the rules and regulations governing the public spaces. The concrete jetties are fitted with pipes and cables for utilities and an individual meter cupboard

for each property and plot. In accordance with regulations, the jetties have also been fitted with frost-resistant drains, railings, fire walls and dry riser systems. Special jetties have been constructed to provide an escape route in the event of an emergency. The escape routes are perpendicular to the main jetties so that they are all connected.

The emergency provisions turn the jetties into a small public network which, in the eyes of the designers, encourages sauntering. In practice, however, the dense layout and the material and limited dimensions of the jetties foster a private atmosphere. As a result few outsiders will be tempted to walk around the jetties, which is probably a good thing for the residents, because the density of habitation and the large number of cross-connections mean that the outdoor spaces offer little privacy.

Because any obstruction of the jetties by things like flower boxes, benches or bicycles is forbidden they look somewhat sterile and dominant. In Waterbuurt Oost, on the other hand, some properties include floating terraces, gardens or mooring places for boats, which allows for playful variation.

This project is the first large-scale water-based neighbourhood to have been realized in the Netherlands. In the process all parties involved have had to explore the prevailing rules and regulations. Key topics included fire safety, structural requirements for the jetties, the stability of the floating properties and the minimum water depth beneath the dwellings.

Sausalito Bay

Californië

Watertype / Type of water

Motief / Motive

Gebouw / Building

Stedenbouwkundig / Urban

Sausalito is een kleine stad aan de baai van San Francisco, ten noorden van de zeestraat 'Golden Gate' die beroemd is door de gelijknamige hangbrug. Het stadje zelf geniet enige bekendheid door een drijvende woonbuurt die bestaat uit zo'n 460 woonboten. Deze waterwoonbuurt wordt gekenmerkt door organische groei, sterke gemeenschapsvorming en een breed scala aan zelfgebouwde woningen.

Eind 19e eeuw waren in de baai al de eerste drijvende woonboten te vinden. Ze deden dienst als weekendverblijf of hut voor de eendenjacht. De bewoners van deze 'vrijliggende' woningen werden per boot voorzien van levensmiddelen. 's Winters werd deze groep van 30 tot 40 zomerhuizen versleept naar een meer beschut gelegen lagune.

Een zware aardbeving en daaropvolgende brand richtten in 1906 in San Francisco grote schade aan. Enkele woonbooteigenaren die daardoor dakloos werden, besloten hun boot permanent te bewonen. Vanwege een betere dagelijkse toegang werden de boten op palen geplaatst of het moerasland langs de kust ingetrokken. Enkele tientallen jaren later zorgde de Tweede Wereldoorlog voor grote bedrijvigheid op de scheepswerven in Sausalito. Vanwege de grote

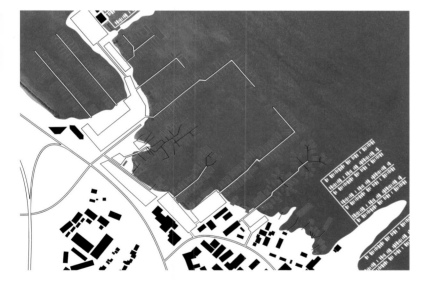

Sausalito is a small city on San Francisco Bay to the north of the Golden Gate waterway, the strait connecting the bay with the Pacific that has given its name to the famous suspension bridge. Sausalito itself enjoys a degree of fame for its residential neighbourhood of some 460 houseboats afloat on the bay and characterized by organic growth, a strong sense of community and a dizzying range of self-built floating homes.

The first houseboats date from the end of the 19th century and served as weekend retreats or for duck hunters who came and went, and received their provisions by boat. In the winter the 30 to 40 floating summer homes would be towed to a more protected lagoon.

The devastating earthquake and fire that destroyed much of San Francisco in 1906 convinced a number of houseboat owners who had lost their homes ashore to take up permanent residence on their boats. To better facilitate daily access the houseboats were moored to piles or towed into the marshy area along the coast. Four decades later the boom years of the War in the Pacific brought round-the-clock activity at the shipyards in Sausalito. Old boats were transformed into dwellings and

woningnood die ontstond door de komst van duizenden arbeiders, werden oude schepen omgebouwd tot woningen en afgemeerd voor de kust.

De groei van de waterwoongemeenschap nam een vlucht toen de scheepswerven na de oorlog in onbruik raakten. Een particulier kocht onvoltooide schepen, drijvende pontons en restmaterialen op en transformeerde ze tot een drijvende nederzetting. Zo ontstond een vrijstaat waar zich hippies en kunstenaars vestigden op zelfgemaakte woonboten, gelegen op het open water of de modderige oevers. Gedeelde voorzieningen zoals douches bevonden zich op de vaste wal en afval werd zo nu en dan ingezameld. Met de toename van huizenprijzen in de jaren '60 zochten armlastigen hun toevlucht tot het water en werd de drijvende gemeenschap steeds groter. Uiteindelijk werd de situatie onhoudbaar. Het ontbreken van een riolering en een georganiseerde afvoer van huisvuil leidde tot een slechte hygiëne en betekende dat al het afval direct in het water belandde. Ook de karkassen van gezonken boten bleven in het water liggen.

In 1965 werden door de overheid maatregelen genomen. De San Francisco Bay Conservation and Development Commission werd opgericht en stelde richtlijnen op voor de openbare kustlijn van de baai. Zij stelde dat er langs de kust vrij zicht moest zijn op het water en dat private huizen op publieke gronden niet waren toegestaan. Desalniettemin wees de commissie gebieden aan waar woonboten, met inachtneming van enkele regels, werden gedoogd. Zo dienden ze te worden afgemeerd aan nieuw aangelegde steigers die plaats boden aan gemeenschappelijke voorzieningen als riolering, elektra, water en kabel tv. Ook werd een maximale bouwenveloppe gedefinieerd en kwam er ruimte voor extra ligplaatsen. Niet alle waterbewoners wilden zich aan dit beleid conformeren. De ligplaatsen die daardoor overbleven werden opgevuld door de middenklasse uit Sausalito die zelfgemaakte en veelal gemoderniseerde woonboten het gebied in bracht.

Langs de steigers hebben zich in de loop der tijd hechte gemeenschappen gevormd van gelijkgezinde bewoners. Verhuizen naar een ander deel van de haven is mogelijk, maar gebeurt zelden door de sterke banden tussen bewoners. De entree van een steiger op het vaste land wordt gemarkeerd door een poort met daarop de naam van de steiger, een indicatie dat de steiger gevoelsmatig privé gebied is. De steigers zelf staan op palen in het water en zijn

moored along the coast to help meet the surge in demand for housing from thousands of shipbuilders and factory workers.

The growth of the amphibious residential neighbourhood only accelerated after the shipyards fell into disuse after the war. Anyone buying the hulls of unfinished ships or pontoons manufactured for the Navy and scavenged scrap building material could transform them into floating homes, creating over time a free state where hippies and artists lived in self-built houseboats lying on the open water or sitting on the tidal mudbanks. Shared facilities such as showers were on shore and waste was collected sporadically. The rising price of houses in the 1960s led some of the adventurous poor to seek accommodation on the water. The floating community grew till the situation finally became intolerable. The lack of sewerage or organised waste disposal was a threat to public health; the outfalls from the toilets on the houseboats spilled directly into the bay. The hulks of sunken boats settled into the mud.

In 1965 the municipal authorities began to take steps to regularize the situation. The San Francisco Bay Conservation and Development Commission was established and set guidelines for the public coastline of the bay. It stated that there should be unencumbered views of the water and that private houses were not permitted on public land. At the same time it designated areas where the houseboats would be tolerated if they followed certain rules. They had to be moored to new landings that offered municipal services such as sewerage, electricity, water and cable television. In addition a building code was laid down limiting the size of boats and room for extra moorings was created. Not all of the water-based inhabitants wished to conform to the new policy, so the moorings that remained unused were filled by Sausalito's middle class who arrived with self-built and often modernized houseboats.

Over the course of time close communities of like-minded residents have grown up along the landings. Although it is possible to move to another part of the harbour, the close community ties ensure that this seldom happens. On shore the entrance to a landing is marked by a gate bearing its name, an indication that the inhabitants feel as if the landing is private property. The landings themselves are built on piles in the water and are connected by floating side-pontoons with

doorgaans via drijvende vertakkingen of flexibele loopplanken verbonden met de woonboten die meebewegen op het tij.

Ook bij de meer recente, lange en rechte steigers is de charme van de vrijstaat niet verloren gegaan. De kakofonie aan zelfgemaakte woningen, uiteenlopende materiaalkeuzes en over de steigers verspreide objecten zorgt ervoor dat deze steigers geenszins aandoen als rechte en opgeschoonde routes. Verblijfsruimten en anderssoortige plekken ontstaan op plaatsen waar de steigers zich verbreden. De vereniging van eigenaren heeft delen van de steigers ingericht met bloembakken en zitjes en bewoners gebruiken ze als voortuin. Doordat er aan twee zijden van de steiger boten zijn afgemeerd heeft de steiger het karakter van een intieme woonstraat. De woonboten liggen vanwege brandveiligheidseisen 1,5 meter uit elkaar, wat niet genoeg is voor een weids uitzicht, maar waardoor het vanaf de steiger wel duidelijk zichtbaar is dat het om drijvende woningen gaat. Op sommige plekken vertakt de binnenstraat zich waardoor er tussen de steigers enkele meters water zichtbaar worden en het water extra goed beleefbaar wordt. De achterzijde van de woningen biedt vrij uitzicht over het water, al genieten slechts enkele boten het echt weidse zicht over de baai.

gangplanks to the houseboats that rise and fall with the tides.

The charm of the free state is still evident along the more recent, long and straight landings. The jumble of self-made dwellings, the diverse materials and the objects cluttering the landings ensure they don't look like straight and tidy routes. Places to gather and other sorts of communal spaces happen where the landings become wider. The homeowners' association has decorated parts of the landings with flower pots and sitting areas that the residents use as their garden. Since boats are docked on either side of the landing, it gives the impression of being an intimate residential street. Fire department regulations specify that the houseboats lie 1.5 metres apart. While this is not enough for a panoramic view it is enough to remind anybody walking along the landing that the dwellings are afloat. Where streets branch off here and there, several metres of water are visible and are fully experienced. The back windows of the houses offer unencumbered views of the water, though only a few boats enjoy a bay panorama.

The houseboat owners have combined into a strong association and, despite the fact that the

Sausalito Bay, Californië

Momenteel zijn de woonbooteigenaren verenigd in een sterke belangenvereniging en is het, ondanks dat de vergunning voor de woonboten in de baai iedere 20 jaar moet worden hernieuwd, niet meer voor te stellen dat deze waterwoonbuurt ooit zal verdwijnen. Overigens is de buurt al lang niet meer een toevluchtsoord bij hoge huizenprijzen – inmiddels worden er voor de ligplaatsten commerciële huren gevraagd vergelijkbaar met andere A-locaties in de omgeving.

Niet alle bewoners hebben zich aangesloten bij het nieuwe regime. Naast de nieuwere, veilige en opgeschoonde steigers zijn er nog steeds steigers die de kenmerkende ordeningspatronen kennen van de organisch gegroeide woongemeenschap. Op het gradiënt van land en water liggen nog geïmproviseerde steigers die losse woningen ontsluiten. Aan deze steigers zijn enkele van de losdrijvende woningen, waarvan de bewoners niet bij de nieuwe steigers wilden aanhaken, aangemeerd. De steigers zijn meegegroeid met het aantal boten en een aantal boten is geleidelijk aan ingesloten geraakt tussen de vertakte steigers en de daaraan gelegen boten.

licenses for houseboats in the bay have to be renewed every 20 years, it is unimaginable that this waterborne neighbourhood will ever disappear. Incidentally, the neighbourhood is no longer a safe haven from the high cost of housing; the rents for the moorings are comparable to other top locations in the area.

Some of the inhabitants have not joined the new regime. Beside the newer, safer and cleaner landings are others displaying patterns of organic communities. Improvised landings on the gradient of land and water give access to separate houseboats whose inhabitants did not want to join the communities at the new landings. The landings have grown to accommodate the numbers of boats and the boats have gradually become enveloped by the branched landings and the boats moored to them.

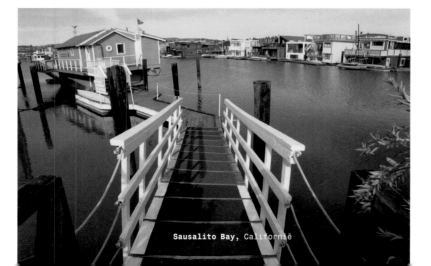

Sausalito Bay, Californië

Nesselande
Rotterdam

Nesselande is een wijk in een polder aan de noordoostzijde van Rotterdam waarvan de ontwikkeling is gestart rond de eeuwwisseling. In het noorden van het plangebied bevindt zich het plandeel Waterwijk met ruimte voor water en 'exclusief wonen'. Om open water te creëren in de voormalige polder zijn meerdere sloten en vaarten afgegraven die aansluiten op de bestaande Zevenhuizerplas. De in breedte wisselende sloten refereren aan de oude polderstructuur en verdelen het terrein in bouwkavels. De vier bredere en diepere dwarsvaarten doorkruisen de sloten en zijn elk op een andere windrichting georiënteerd. Dit bevordert de doorstroming in het gebied, een voorwaarde voor voldoende waterkwaliteit. De sloten en vaarten spelen daarnaast een belangrijke rol bij de waterbeleving in de wijk.

Het waterpeil in het gebied bevindt zich op circa NAP -5,50 meter en fluctueert door de seizoenen heen met zo'n ±30 centimeter. Dwars door de wijk lopen 3 hoofdwegen die verhoogd liggen op dijklichamen. Ze verbinden de wijk met de omgeving en voorkomen dat hoog water vanuit de Zevenhuizerplas, bij opstuwing door harde wind, de wijk binnenkomt.

Watertype / Type of water

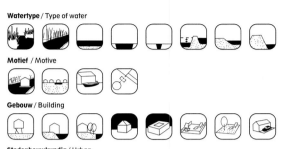

Motief / Motive

Gebouw / Building

Stedenbouwkundig / Urban

Nesselande is a suburb in a polder on the northeastern edge of Rotterdam, first developed around the turn of the century. The northern part of the planning area, Waterwijk, offers space for water and luxury homes. To create open water in the former polder narrow channels and wider canals were excavated to join up with the Zevenhuizerplas lake. The channels, which vary in width, are reminiscent of the old polder structure and divide the land into building plots. Four wider and deeper canals cross the channels in several directions, stimulating the flow and quality of water in the area and providing the residents with water views.

The water level is approximately NAP -5.50 metres and seasonally fluctuates by some 30 centimetres. The suburb is crossed by three raised main roads on dykes that link the suburb with surrounding areas and prevent water from the Zevenhuizerplas, whipped up by strong winds, from flooding the neighbourhood.

The planning area is made up of largely self-built homes and accommodates other detached houses developed privately or as part of larger projects. The inclusion of water dwellings in the plan adds considerably to the range of homes on offer. The selection includes detached

Het plangebied bestaat grotendeels uit vrije kavels en biedt plaats aan vrijstaande woningen die deels particulier, deels projectmatig zijn ontwikkeld. De opname van waterwoningen in het plan heeft gezorgd voor verbijzonderingen van het woningassortiment. Zo zijn er vrijstaande woningen te vinden die geheel op palen in het water staan. Ook zijn er woningclusters van drie woningen, de zogenaamde platformwoningen, die accenten aanbrengen binnen de wijk en met de voeten in het water staan.

De vrije kavels zijn door de omringende sloten veelal eilanden geworden die door bruggen verbonden zijn met de hoofdinfrastructuur. De bruggen benadrukken de aanwezigheid van het water rondom een kavel en zorgen daardoor voor een afbakening. Ga je de brug over, dan betreedt je privéterrein. Niet iedere kavel is individueel bezit; er zijn eilanden met daarop clusters van 4 woningen waarbij de brug toegang geeft tot een gemeenschappelijk binnenerf. Om te zorgen dat het water beleefbaar blijft en er voldoende privacy is, mogen de woningen op de kavels niet direct op de waterrand staan en moet er altijd een meter ruimte open blijven tot aan de kavelrand. Veel bewoners hebben de overgang van land naar water op creatieve wijze ingevuld met als resultaat een breed assortiment aan al dan niet verlaagde zitjes, steigers, terrassen en aanlegplaatsen voor boten. In een van de sloten is zelfs een waterglijbaan te vinden. Alles wijst er dus op dat de nabijheid van het water door de bewoners erg wordt gewaardeerd.

Plattegronden van de wijk geven een goed overzicht van het open water binnen het gebied en wekken de indruk dat het water overheerst. Het blauwe netwerk van sloten en vaarten laat zich lezen als een continu en allesomvattend waterlichaam met daarin de kavels als groene eilanden. De indruk dat het water overheerst wordt in werkelijkheid vooral ervaren aan de rand van de wijk, waar de weg vrij zicht biedt over het open water. Binnen in de wijk is veel water te zien, maar minder nadrukkelijk, in de vorm van uitgesneden sloten tussen de kavels.

Aan de zuidoostzijde van Waterwijk, op de rand van het water, staan enkele woonblokken die duidelijk op het water zijn georiënteerd. Aan de straatzijde en zijkanten zijn de blokken, die bestaan uit drie woningen, zeer gesloten om zich vervolgens richting de waterzijde qua volume en gevel te openen. Iedere woning heeft binnen het cluster een eigen, op het water georiënteerd kader dat de individuele woning accentueert. Het kader zorgt voor een afgebakend uitzicht en biedt enige privacy. De rand van het kader wordt aan de onderzijde gevormd door een balkon dat aansluit op de woonruimte op de eerste verdieping. De diepte van het balkon beperkt het zicht vanuit de woonruimte op het water en leidt de blik over het water heen naar de wijk aan de overzijde van het water. De gevel van de woningen loopt door tot in het water. Op een halve meter boven het water bevinden zich terrassen die wel een goede beleving van het water bieden. Tussen de blokken is een obstakelvrije waterbreedte van 4 meter voorgeschreven wat vanaf de terrassen gezien voor afstand en privacy zorgt. Doordat de blokken aan de straatzijde op het land staan en de parkeerplekken en voortuinen direct aan de straat liggen is het water vanaf de straatzijde minder goed beleefbaar.

Nabij deze geclusterde waterwoningen bevindt zich ook een groep vrijstaande waterwoningen. Bij het ontwerp van deze woningen en in het bijbehorende bestemmingsplan is alles gedaan om te komen tot een optimale waterbeleving. Zo staan de vrijstaande woningen op palen in het water en zijn ze aan alle zijden omringd met water. De kade biedt ruimte aan een binnenplaats met parkeerplaatsen die verbonden is

houses on piles in the water as well as platform dwellings resting on bases in the water in clusters of three, adding variety to the suburb.

Surrounded by narrow bodies of water, most of the self-built plots are islands connected to the main infrastructure by bridges that emphasize the presence of water around a plot and provide a clear demarcation. Cross the bridge and you enter private property. Not all the plots are privately owned; there are islands with clusters of four homes with a bridge providing access to a communal courtyard. To ensure that the water remains accessible and to guarantee sufficient privacy, the dwellings cannot be built right on the water's edge; there is a compulsory gap of at least one metre between the water and the plot boundary. Many residents have been quite creative with the one-metre transition from land to water, as exhibited by a wide range of sunken seating areas, jetties, terraces and landing stages for boats. One of the channels even boasts a water slide. All the evidence suggests that the residents really appreciate the presence of the water.

Plans of the neighbourhood give a good overview of the open water in the area and create the impression that water is ubiquitous. The blue

Nesselande, Rotterdam

network of channels and canals can be read as a continuous and all-encompassing body of water in which the plots float like green islands. In reality, the sense of ubiquitous water is particularly strong at the edge of the suburb, where the road offers a clear view of the open water. There is a great deal of water within the neighbourhood, although less overwhelmingly so, in the form of excavated channels between the plots.

Along the south-eastern edge of Waterwijk, on the waterfront, are a few blocks which were clearly built with water in mind. The street and side elevations of the blocks, each of which is composed of three dwellings, are closed but both the façade and the building as a whole opens onto the waterfront. Each unit within the cluster has its own waterfrontage frame, high-lighting the individual home, as well as providing a well-defined view and some privacy. The lower edge of the frame is formed by a balcony on the first-floor living room. The balcony's depth restricts the view of the water from the living room, directing the gaze instead to the neighbourhood across the water. The façades of the dwellings extend down into the water. Suspended half a metre above the surface, the terraces bring residents closer to the water.

A clear four metres of water between the blocks creates distance between the terraces and ensures privacy. The water is a less distinctive feature on the street side of the housing, which is given over instead to gardens and parking spaces directly bordering the street.

Nearby the clusters is a group of detached water dwellings whose design and accompanying land use plan is entirely geared to optimizing enjoyment of the water. The detached homes stand on piles in the water and are surrounded by water on all sides. The quay accommodates a courtyard with parking spaces linked to the individual homes via bridges of at least four metres. When you cross the water and enter the buildings you immediately realize you are in a house on piles above open water. Seeing the water beneath the dwellings intensifies the relationship between the structure and the water. The volume of water is visibly greater than if the dwelling had not been on piles. The informal grouping of the homes creates the impression that the volume of water rather than the plot boundaries constituted the guiding principle for the site layout and puts more emphasis on the water. It is clear that the homes were placed in the water rather than that the waterways were created around the dwellings.

The land use plan stipulates that the houses must have an all-round orientation. The designers, however, opted for relatively closed side elevations, for reasons of privacy. But despite their closed character, their special shape and use of materials ensure that the elevations still look interesting. Here too the minimum distance between the houses is four metres. Each has a large terrace on the open waterfront, whose degree of privacy depends largely on the landscaping of the opposite plot. In fact the homes along the narrow canal beside the road are quite exposed. As the livingroom is barely above the water it is bright on sunny days and the water reflection shimmers on the ceiling.

met de individuele woningen door middel van bruggen van minimaal 4 meter lengte. Bij het betreden van de woningen passeer je duidelijk het water en wordt het duidelijk dat je je in een woning op palen boven open water bevindt. Je kunt het water onder de woningen zien stromen, waardoor de relatie tussen de woning en het water sterker wordt. Het watervolume is zichtbaar groter dan wanneer de woning in het water was geplaatst zonder palen. Doordat de woningen losjes gegroepeerd zijn lijkt niet de kavelgrens maar het watervolume leidend voor de verkaveling en krijgt het water meer nadruk: het is duidelijk dat de woningen in het water zijn gelegd in plaats van dat het water om de woningen heen is gegraven.

In het bestemmingsplan is aangegeven dat de woningen alzijdig georiënteerd moeten zijn. In het ontwerp is gekozen voor relatief gesloten zijgevels wat de privacy van de bewoners ten goede komt. Ze bieden ondanks het gesloten karakter een interessant aanzicht door hun bijzondere vorm en materiaalgebruik. Ook bij deze woningen geldt een minimale afstand van 4 meter tussen de woningen. De woningen hebben aan de open waterzijde een groot terras. De privacy van de terrassen is grotendeels afhankelijk van de beplanting op de tegenover-

gelegen kavel en de woningen aan het smalle water langs de weg hebben veel inkijk. Doordat de woonkamer zich dicht boven het water bevindt licht bij zon de hele kamer op en wordt de reflectie van het water waarneembaar op het plafond.

schaal 1:...

H2O Wonen
Zeewolde

Zeewolde is een kleine stad in het zuiden van de Flevopolder, aan het 'Wolderweid', één van de randmeren van Flevoland en een overblijfsel van de voormalige Zuiderzee. Aan de noordzijde van de stad, tussen een uitbreidingswijk en het Wolderweid in, is een waterwoonwijk gepland. In het kader daarvan is een studie gedaan naar de mogelijkheden voor de realisatie van 1400 waterwoningen. De locatie kent een hoogtegradiënt van het lage polderland in het westen naar de hoge zanddijk langs het randmeer in het oosten. Het grootste deel van het plan behelst de aanleg van woningen en infrastructuur in binnendijks gebied. Een kleiner deel is gepland in buitendijks gebied, in het Wolderweid. Het hier beschreven plan is overigens niet gerealiseerd, maar de toegepaste bouwstenen zijn relevant en herbruikbaar voor andere plannen.

In het ontwerp van waterwoonwijken komt regelmatig een aaneengesloten, doorlopend waterlichaam voor, waarbij woningen aan dat openbare water liggen. In dit plan is de aanpak anders. Het water wordt ingezet in de vorm van 'losse', semi-private watertuinen voor woonblokken. De watertuinen worden tot verschillende dieptes afgegraven; de afgegraven grond wordt gebruikt om verhoogde wallen aan te leg-

Watertype / Type of water

Motief / Motive

Gebouw / Building

Stedenbouwkundig / Urban

Zeewolde is a small town in the south of the Flevopolder on the edge of the Wolderweid, one of the lakes in Flevoland between the empoldered land and the coast of the former Zuiderzee. An amphibious neighbourhood has been planned for the northern part of the town between a new neighbourhood and the Wolderweid, exploring the possibility of creating 1400 amphibious houses. The gradient of the location runs from low polder land in the west to the higher sand dyke along the lake in the east. Most of the housing and infrastructure would be inside the dyke and only a small proportion out in the Wolderweid itself. The plan described here has not been carried out but parts of it are relevant to and reusable in other plans.

While the design of an amphibious neighbourhood generally requires a closed and continuous body of water on which to build the houses a different approach has been taken in this case; the water is in the form of separate, semi-private water gardens in front of residential blocks. The depth of the water gardens varies, and the excavated ground is used to create raised banks. The banks encircling the water gardens provide protection against the wind and are the basis of the road network that provides access to the area.

gen. Gelegen rondom de watertuinen, bieden de wallen beschutting tegen de wind en fungeren ze als ondergrond voor een wegennet dat het gebied ontsluit.

De watertuinen variëren in grootte, diepte, oevertype en grondsoort, hetgeen een breed scala aan biotopen oplevert. Ook de verhouding tussen water en land verschilt en geeft elke watertuin een eigen karakter. Behalve de grote variëteit in landschappen, kent het plan ook een zeer divers woningaanbod: naast woningen van het basistype 'woning aan het water' omvat dit drijvende woningen, paalwoningen en terpwoningen.

Het westelijk deel van het plangebied is een retentiegebied waar seizoensberging plaatsvindt en het water door de seizoenen heen 60 centimeter fluctueert. De waterberging omvat zowel diepe als ondiepe delen. Het retentiegebied biedt plaats aan experimentele woonvormen zoals de paalwoningen die geïsoleerd binnen het plangebied liggen. Aan de wallen in dit gebied liggen geschakelde rijwoningen met tuinen richting het water. Daarnaast zijn er woonblokken waarvan de openbare binnenruimte aansluit op de straat en die terrassen bevatten aan het water. De beplanting in het

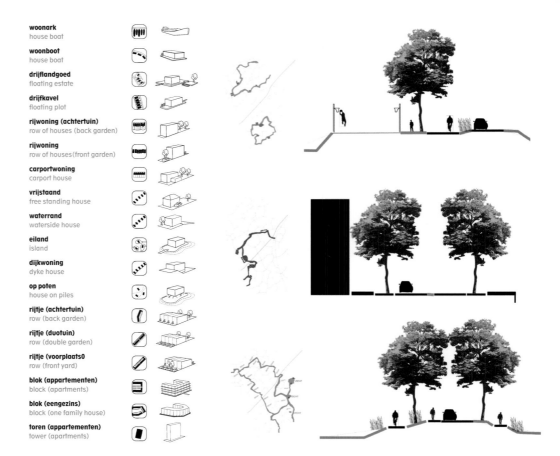

woonark house boat	
woonboot house boat	
drijflandgoed floating estate	
drijfkavel floating plot	
rijwoning (achtertuin) row of houses (back garden)	
rijwoning row of houses (front garden)	
carportwoning carport house	
vrijstaand free standing house	
waterrand waterside house	
eiland island	
dijkwoning dyke house	
op poten house on piles	
rijtje (achtertuin) row (back garden)	
rijtje (duotuin) row (double garden)	
rijtje (voorplaats0 row (front yard)	
blok (appartementen) block (apartments)	
blok (eengezins) block (one family house)	
toren (appartementen) tower (apartments)	

The water gardens vary in size, depth, type of bank and soil composition, all of which results in a wide range of biotope. The ratio of water to land also varies and gives each water garden its own unique character. In addition to the large variety of landscapes, the plan calls for diverse housing: the basic type of house on the water, floating dwellings, houses on concrete pillars and terp dwellings.

The western part of the planned area is an emergency floodplain for seasonal water containment combining deep and shallow sections; here the water level varies by 60 centimetres with the seasons. The emergency floodplain offers the possibility of creating experimental forms of dwellings, such as houses on concrete pillars in isolated locations. On the banks of the floodplain are terraced houses with gardens facing the water as well as blocks where the public courtyard connects to the street and where the residential terraces are on the water. The plantings in that area can survive inundation. A section of the through road is built on the landings instead of the banks, which enhances the recreational character of this part of the plan.

Along the deeper and broader sections of the open water on the western side of the plan are

higher and more urban dwellings with a view of the water. The main road from Zeewolde enters the neighbourhood here and crosses the water, giving those entering the immediate impression of an amphibious neighbourhood. In contrast to the buildings in the rest of the area, which are oriented to the interior gardens, the buildings here face the main road and offer space for commercial functions. The banks are paved and evoke urban quays.

The water level in the connected water gardens in the middle of the plan is more constant, fluctuating only slightly with heavy rainfall. Each has its own unique character. The roads on the infrastructure banks are narrower than the main road and are meant for cyclists, pedestrians and local traffic. The residential function here is characterized by land that lies along or in the water. The variety of building lots leads to highly diverse forms of housing ranging from terraced houses along the dyke with a garden on the water to elongated lots on the water and even isolated islands. Here too there are blocks of flats whose exterior spaces are oriented to the water gardens. Near the dyke, where the ground level is higher and the soil sandier, there is a transition to a wooded area.

Looking from the dyke across the water neighbourhood offers a view of the broad lake. In this section of the plan, water has a more public and recreational function and there is room for floating dwellings, houseboats and even floating building lots. New cores of the dyke offer protection against rough water. A continuous, branched road runs along the dykes, giving them a clear public character and making an attractive recreational route. There is a marina, a restaurant and a beach on the open waterside. Beyond a series of breakwaters are two sturdy residential blocks whose terraces face the open water.

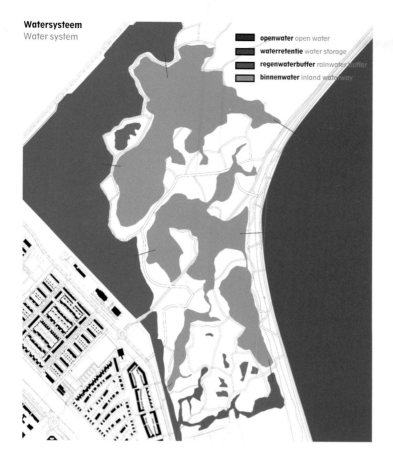

Watersysteem
Water system

- ■ **openwater** open water
- ■ **waterretentie** water storage
- ■ **regenwaterbuffer** rainwater buffer
- ■ **binnenwater** inland waterway

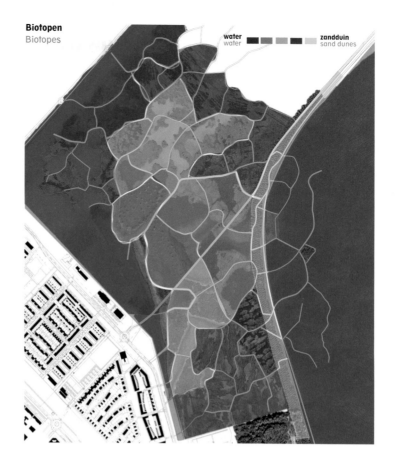

Biotopen
Biotopes

- **water** water ■■■■ **zandduin** sand dunes

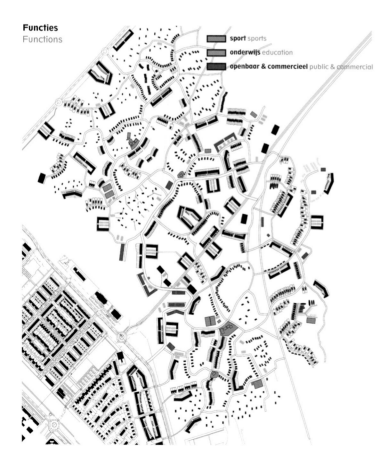

Functies
Functions

- ■ **sport** sports
- ■ **onderwijs** education
- ■ **openbaar & commercieel** public & commercial

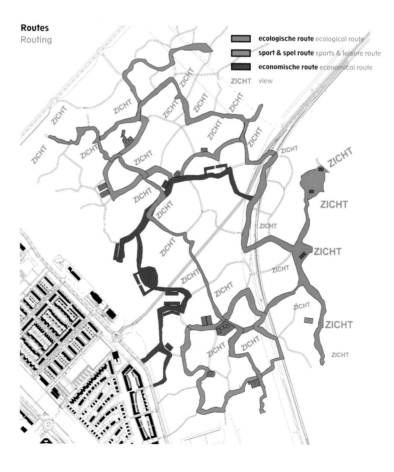

Routes
Routing

- ■ **ecologische route** ecological route
- ■ **sport & spel route** sports & leisure route
- ■ **economische route** economical route
- **ZICHT** view

gebied bestaat hoofdzakelijk uit waterminnende soorten die goed tegen wisselingen in waterstanden kunnen. Een deel van de doorgaande route verloopt hier over steigers in plaats van wallen waardoor het recreatieve karakter van dit plandeel wordt versterkt.

Langs de diepere en bredere delen van het open water aan de westkant van het plan staat hogere en meer stedelijke bebouwing met zicht over het water. De doorgaande hoofdweg vanuit Zeewolde komt hier de wijk binnen en kruist het water hetgeen het karakter van waterwoonwijk bij binnenkomst meteen duidelijk maakt. In tegenstelling tot de bebouwing in de rest van het plangebied, die georiënteerd is op de binnentuinen, richt de bebouwing zich hier op de hoofdweg en biedt ruimte voor commerciële functies. De oevers zijn in dit deelgebied verhard waarmee ze refereren aan stedelijke kades.

De watertuinen in het midden van het plangebied hebben een meer constant waterpeil, met slechts kleine fluctuaties in geval van zware regenval. Ze staan met elkaar in verbinding vanwege de waterkwaliteit, maar hebben ieder hun eigen karakter. Op de infrastructuur wallen zijn de wegen smaller uitgevoerd dan op de hoofdweg en wordt vooral ruimte geboden voor fietsers, voetgangers en bestemmingsverkeer. De woonfunctie is hier grotendeels ingevuld op land dat langs of in het water ligt. Door de variatie in kaveltypen ontstaan zeer verschillende woonvormen, van rijwoningen langs de dijk met een tuin op het water tot woningen op langgerekte waterkavels of geïsoleerde eilanden. Ook hier zijn appartementengebouwen te vinden die met hun buitenruimte zijn gericht op de waterrijke binnentuinen. Nabij de dijk, waar het maaiveld hoger ligt en de bodem zandrijker is, vindt een overgang plaatst naar een meer bosrijke omgeving.

De dijk biedt, over het buitendijks gelegen deel van de waterwoonwijk heen, zicht op het weidse randmeer. In dit plandeel heeft het water een meer openbare en recreatieve functie, en wordt ruimte geboden aan drijvende woningen, woonarken en geheel drijvende kavels. Nieuwe dijklichamen zorgen voor bescherming tegen golven. Op de dijken loopt een doorlopende, vertakte route die ze een duidelijk openbaar karakter geeft en ze tot een aantrekkelijke recreatieroute maakt. Aan het open water bevinden zich functies zoals jachthaven, restaurant en zwemstrand. Buiten enkele golfbrekers liggen twee robuuste woonblokken met hun terrassen op het open water gericht.

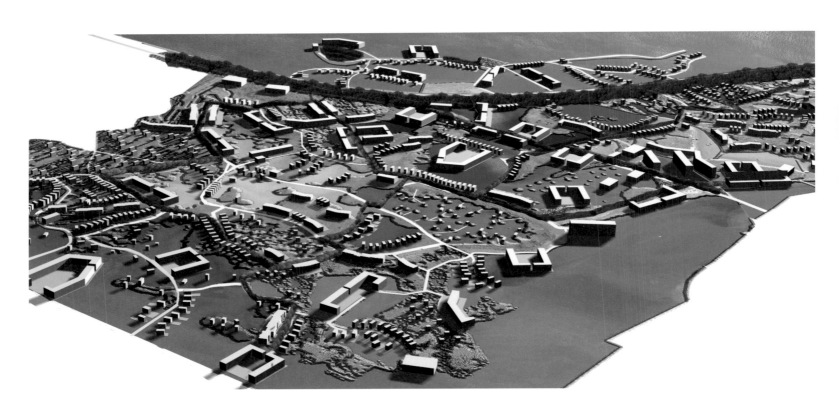

H2O Wonen, Zeewolde

Stadswerven
Dordrecht

Dordrecht is een haven- en handelsstad op het
punt waar drie rivieren samenkomen, de Beneden-Merwede, de Noord en de Oude Maas.
Aan de noordoostzijde van de stad ligt een
schiereiland, ingeklemd tussen de Beneden-
Merwede en een kleine rivierarm, het Wantij.
Door ophoping van sediment vormde zich in de
loop der tijd een staart aan het schiereiland
waarop een natuurlijk landschap van grienden
en rietlanden ontstond, vergelijkbaar met het
landschap van de stroomopwaarts gelegen
Biesbosch. Rond 1900 besloot men het schiereiland, tot dan toe extensief gebruikt, op te
hogen en uit te geven als bedrijventerrein. Het
bood sindsdien vooral ruimte aan scheepswerven en havenactiviteiten totdat halverwege de
19e eeuw de industrie de overhand kreeg. Vanaf
eind jaren '90 vertrokken veel bedrijven waardoor ruimte vrijkwam voor herontwikkeling.

Door de nabijheid van de Noordzee is het stelsel van rivieren in Dordrecht onderhevig aan
getijde. Als gevolg daarvan varieert het waterpeil tussen gemiddeld NAP +0,2 en +0,9 meter.
Het schiereiland is niet omdijkt en daardoor
gevoelig voor overstromingen. Klimaatscenario's voorspellen dat eens in de 2000 jaar een
hoogwaterpeil van NAP +3,4 meter voorkomt.
Aangezien de huidige gemiddelde maaiveld-

Watertype / Type of water

Motief / Motive

Gebouw / Building

Stedenbouwkundig / Urban

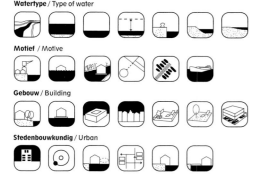

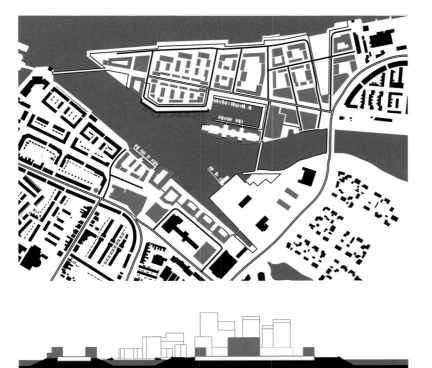

Dordrecht is a harbour and trading town at the
convergence of the Beneden-Merwede, the
Noord and the Oude Maas rivers. On the north
side of the town is a peninsula hemmed in
between the Beneden-Merwede and the
Wantij, a small side-stream.
The build-up of sediment has formed a tail on
the peninsula upon which a natural landscape
of holms and reed beds evolved comparable to
the landscape of the Biesbosch, further
upstream.
Around 1900 it was decided that the peninsula,
which had been used extensively, should be
raised in height and rezoned as a commercial
area. It became primarily a site for shipyards
and general harbour activities until industry
began to dominate in the 50s and 60s. Many
businesses departed in the late 1990s, leaving
an area ripe for redevelopment.

The proximity of the North Sea subjects the
system of rivers in Dordrecht to tidal fluctuations;
the water level varies between NAP +0.2 and
NAP +0.9 metres. The peninsula is not bounded
by dykes and is therefore susceptible to flooding.
Climate-change scenarios warn that a high
water level of NAP +3.4 metres will occur once
in every 2000 years. As the present ground-level
stands at NAP +3 metres, it has been suggested

hoogte NAP +3 meter bedraagt, is in de eerste herontwikkelingsplannen voor het schiereiland voorgesteld het maaiveld tot gemiddeld NAP +4 meter te verhogen. Dit schept meer afstand tot het water en zorgt voor extra veiligheid. Dordrecht is echter een stad die haar identiteit ontleent aan het water. In nieuwere plannen werd de relatie met het water daarom tot kernpunt van het ontwerp gemaakt.

In het plan 'Stadswerven', dat circa 1400 woningen omvat en het eindresultaat is van alle verkenningen en voorstellen, lopen openbare ruimte en water in elkaar over. De dagelijkse getijden worden in het plangebied beleefbaar en bij hoog water lopen enkele openbare deelgebieden onder.

De bebouwing aan de noordzijde van het eiland is hoog en stedelijk, en past bij het weidse karakter van de Beneden-Merwede. Vanwege het drukke scheepvaartverkeer op de rivier is een kade van 25 meter breed voorzien die de woningen beschermt tegen het risico van invarende schepen. Met een hoogte van NAP +4 meter biedt de kade tegelijkertijd een veilige vluchtweg in het geval van hoog water. Een oude scheepshelling aan de kade wordt getransformeerd tot een park dat doorloopt tot aan het water. Bij hoog water loopt het gedeeltelijk onder – geen probleem aangezien het om een zoetwatergebied gaat.

Midden op het eiland, parallel aan de noordelijke kade, vormt een ontsluitingsweg op NAP +5 meter de veilige ruggengraat van het plan. De straten tussen de hoger gelegen ruggengraat en de Merwedekade lopen een meter af waardoor er vanuit het centrale deel van het gebied goed zicht is op het water. Richting de zuidelijke kade van het eiland, aan het relatief rustige Wantij, is meer ruimte voor toenadering tot het water. Hier lopen de dwarsstraten vanaf de ruggengraat dan ook steiler af tot NAP +2 of 3 meter en is gekozen voor flood proof kades en bebouwing. Inhammen langs het Wantij, in de vorm van waterpleinen en een binnenhaven, bieden de gelegenheid om tot dichtbij het water te komen. Drijvende woningen langs een van de flood proof kades zorgen voor een verbijzondering van het programma.

Een bijzonder bouwblok is gepland op de landtong tussen een bestaande binnenhaven en het Wantij. De kelder van het blok staat in het water, net als veel bebouwing in de historische binnenstad. Op de begane grond bevindt een parkeergarage met daarboven, op een verhoogd maaiveld, de binnenstraat van het bouwblok. Het blok wordt op twee plekken doorsneden zodat er zicht blijft vanaf het vasteland op de binnenhaven, en vanaf de landtong op het Wantij. De verhoogde binnenweg tussen de gebouwdelen gaat over in een getrapte steeg richting het water. Bij hoog water loopt een deel van de steeg onder en lijkt het alsof de blokken geheel in het water staan.

De kop van het schiereiland, waar Wantij en Merwede samenkomen, wordt een stedelijk podium dat laag aan het water ligt. Op de plek waar het aansluit op de hoger gelegen kade komt een brug die het schiereiland vanaf het centrum ontsluit voor voetgangers en fietsers.

that the first redevelopment plans for the peninsula should call for the ground level to be raised by about a metre. Dordrecht however is a town that derives its identity from its waterways so more recent proposals centre on the town's relationship with the water.

After all the studies and proposals the Stadswerven plan for some 1400 homes combines public space and water so that the daily tides are integral to the planning. Some public sections will be submerged during high water events.

The development on the north side of the island is high and urban and complements the spacious nature of the Beneden-Merwede. Given the high volume of maritime traffic using the river, a quay 25 metres in width has been built to protect the homes from the risk of being rammed by any stray vessels. At NAP +4 metres the quay also offers a safe escape route in the event of high water. An old slipway along the quay will be transformed into a park that will lead down to the water's edge. At high water it will be partly submerged by freshwater from upstream.

In the middle of the island, parallel to the northern quay, an access road at NAP +5 metres forms the secure backbone of the plan. The streets in between the Merwedekade and the backbone slope up for one metre, which provides views of the water from the central section of the area. Further towards the southern quay of the island, along the relatively tranquil Wantij, more space is provided for access to the water. Here the side streets also happen to run more steeply from the backbone, down to NAP +2 or 3 metres, and a decision was made for flood-proof quays and structures. Recesses along the Wantij, in the shape of water plazas and an inner harbour, present an opportunity to get close to the water's edge. Floating dwellings along one of the flood-proof quays add uncommon and distinctive features to the programme.

A remarkable development block is scheduled for the headland between an existing inner harbour and the Wantij. The block's cellar stands in water, like those of many of the structures in the historical town centre. On the ground floor is an indoor car park with a raised road over the top of it. The block is intersected at two places so that the view of the inner harbour from the mainland and of the Wantij from the headland are unaffected. The raised road in between the buildings turns into a stepped alley that leads down to the water. At high water part of the alley is submerged and the blocks appear to be islands.

The head of the peninsula, where the Wantij and Merwede merge, is to become an urban platform lying close to the water. Where it joins the higher quayside a bridge will be built to enable pedestrian and bicycle access between the town centre and the peninsula.

Het Nieuwe Water

Westland

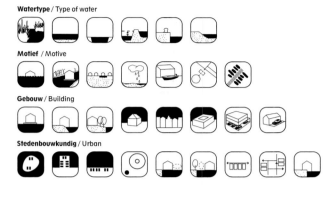

Watertype / Type of water

Motief / Motive

Gebouw / Building

Stedenbouwkundig / Urban

Het Westland kent een lange historie als tuinbouwgebied. Het is het grootste in zijn soort binnen Nederland en wordt gekarakteriseerd door grootschalige, industriële productie in kassen. Een uitgebreid stelsel van waterwegen doorsnijdt de streek en fungeert als boezem. De capaciteit daarvan voldoet niet om de toenemende hoeveelheid regenwater in de toekomst te kunnen opvangen. Daarom formuleerde de overheid een opdracht voor een piekberging met een capaciteit van 75.000 m³. Naast de behoefte aan waterberging spelen andere programma-eisen in het gebied. Zo heeft de gemeente Westland een aanzienlijke bouwopgave en is er sprake van een ecologische verbinding die vanaf de kust door de streek loopt.

Als locatie voor de piekberging is gekozen voor de Poelpolder, midden in het tuinbouwgebied. De langgerekte polder van 80 hectare ligt tussen de kernen 's-Gravenzande en Naaldwijk en is het laagste punt in het gebied. Door hem te ontpolderen en toe te voegen aan de boezem kan aan de bergingsbehoefte worden voldaan. Het bergingsprogramma is gecombineerd met de andere programma's en omvat de ontwikkeling van een waterwoonwijk met 1200 woningen waarbinnen ruimte is voor ecologie en duur-

The part of the Netherlands known as Westland has traditionally been famous for its horticulture, the most extensive in the country, characterised by large-scale, industrial production in greenhouses. An extensive system of waterways crosses the area and functions as its drainage pool. But as the capacity of the water containment system is not large enough to accommodate the increasing amount of rainfall expected in the future, the government has commissioned a plan for a peak storage of 75,000 cubic metres plus the meeting of other requirements. The municipality of Westland has plans for a large construction programme combined with relevant ecological offsets plus an ecological corridor to the coast.

The place chosen for the peak storage is the Poelpolder in the middle of the horticultural area, an elongated 80-hectare polder lying between 's-Gravenzande and Naaldwijk, the lowest point in the area. Reversing its historical function as a polder and adding it to the drainage pool will meet the need for water storage. The containment programme has been combined with the other programmes and includes the development of an amphibious neighbourhood of 1200 houses with sufficient space for ecological considerations and sustainability.

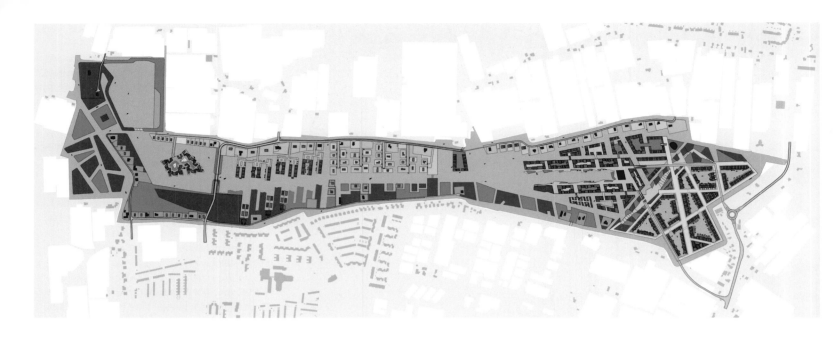

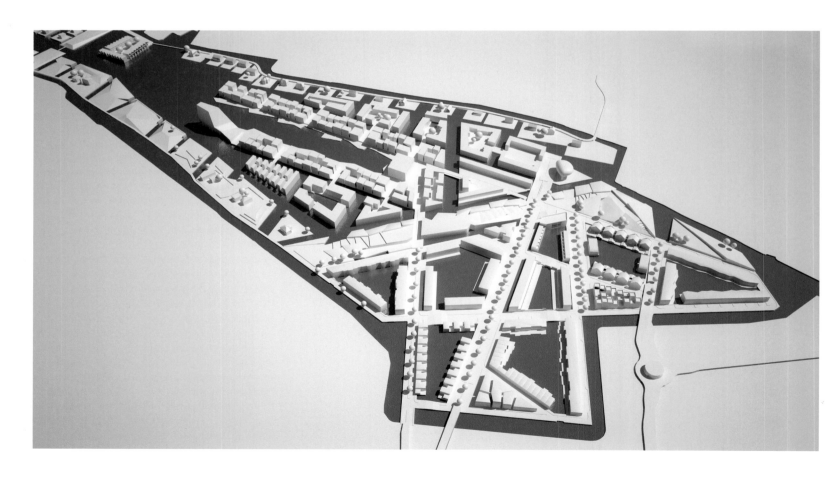

zaamheid. Ongeveer de helft van de woningen wordt drijvend uitgevoerd.

De Poelpolder ligt op NAP -1,8 meter en krijgt als onderdeel van de boezem een waterpeil van NAP -0,4 meter. Een deel van de Poelpolder, 26 hectare groot, wordt daadwerkelijk ontpolderd en toegevoegd aan de boezem. Uitgaand van een peilverhoging van 35 centimeter in het geval van piekopvang, wordt daarmee ruimschoots voldaan aan de vraag naar extra bergings-capaciteit. Het resterende, droge deel van de polder krijgt de bestemmingen woningbouw en natuurontwikkeling.

Het plangebied bestaat uit aparte delen die fasegewijs worden ontwikkeld en elk een eigen thema, dichtheid en sfeer hebben. Bij de ont-wikkeling van ieder deelgebied wordt eerst de bebouwing aangelegd en vervolgens het land geïnundeerd. Ieder deelgebied krijgt tijdens de ontwikkeling een waterkering. Alle woningen in het gebied worden zoveel mogelijk op het water georiënteerd.

Centraal in het plangebied ligt het open water dat dient als ecologische drager en openbare recreatieplas. Als onderdeel van de boezem heeft de plas een goede aansluiting op het

The Poelpolder lies below the NAP (Amsterdam Ordnance Datum), at NAP -1.8 metres and, as part of the drainage pool, it will have a water level of NAP -0,4. A 26-hectare section of the Poelpolder will be added to the drainage pool. Assuming that the water level will rise by 35 cm at peak containment, the Poelpolder will readily meet the need for extra storage capacity. The remaining dry part of the polder is designated as residential and for nature rehabilitation.

The planned area consists of separate sections to be developed in phases, each of which will have its own theme, density and atmosphere. Only when the buildings have been constructed in each section will the land be inundated. Each section will have a dyke. Wherever possible, the dwellings in the area will be oriented to the water.

Central within the planned area is the open water serving both ecological and recreational needs. As part of the drainage pool the water is connected to the network of waterways, extending the recreational value of the area.

The western part of the plan provides for an ecological zone. Separate lots in the water will connect to the village's existing ribbon develop-ment. Some lots that are designated for existing

vaarwegennet, een meerwaarde voor de recreatieve functie van het gebied.

Het westelijke plandeel wordt ingevuld als ecologische zone. Losse kavels in het water sluiten aan op het bestaande dorpslint. Enkele kavels die bestemd zijn voor bestaande bouw, beperkte nieuwbouw en recreatie, worden via een doodlopende weg ontsloten. Aan het einde van de weg liggen enkele geïsoleerde kavels ten behoeve van natuurontwikkeling. In het oostelijke plandeel wordt de bestaande lintbebouwing eveneens aangevuld met nieuwbouw, in de vorm van vrije kavels en drijvende woningen.

In het zuiden van het gebied ligt een meer stedelijk plandeel. Hier ontstaat een waterstad met hogere dichtheden en hardere kades dan in de rest van het gebied. De bebouwing bestaat vooral uit gesloten bouwblokken met collectieve binnenruimten en geschakelde rijwoningen. Veel bouwblokken staan direct met hun gevels in het water waardoor grachten ontstaan tussen de verschillende blokken en de verharde kades. Betonnen bakken die in het water staan doen dienst als fundering en parkeergarage. De geschakelde, drijvende eengezinswoningen aan de zuidpunt van het plan worden ontsloten via dijken die schuin door het gebied lopen en

tezamen een grid vormen. Binnen de dijken ontstaan intieme binnenwateren waar de woningen met hun achtertuin aan liggen.

In het noordelijke plandeel, met een over het geheel gezien lage dichtheid, is eveneens een meer stedelijk bouwblok te vinden in de vorm van een drijvend appartementencomplex van drie verdiepingen. Door de compacte bouwvorm blijft de hoeveelheid infrastructuur in dit deelgebied beperkt. Een betonnen bak vervult een dubbelrol als drijflichaam en parkeerkelder voor het complex. Het water onder het drijf lichaam moet worden uitgebaggerd om zo de verplichte meter vrije ruimte ten behoeve van de waterkwaliteit te garanderen. Overigens wordt door het drijvende appartementencomplex een groot wateroppervlak permanent bedekt, met nog onbekende gevolgen voor de waterkwaliteit binnen het plangebied.

buildings, limited new construction and recreation will be accessible via a road ending in a cul-de-sac where several isolated lots will be designated for nature rehabilitation. In the eastern part of the plan the existing ribbon development will be expanded by new construction in the form of separate lots and floating houses.

The southern part of the plan is more urbanised, an amphibious city of greater density and harder quays than in the rest of the area. In general the buildings are closed residential blocks with shared interior spaces and rows of terrace houses. The facades of many of the blocks stand directly in the water. Canals run between the blocks and quays. Cement caissons in the water serve as foundations and parking garages. The semi-detached, floating, single-family homes at the southern tip of the plan can be accessed by dykes that cut diagonally across the area and form a grid. Inside the grid the backs of the houses face onto private waterways.

In the northern part of the plan, where the density is lower, there is a more urban residential block in the form of a floating three-storey complex of flats. Because of the compact form of building,

the amount of infrastructure here is limited. A cement caisson doubles as a float and a parking basement for the complex. The water under the float has to be dredged to create the required metre of free space needed to guarantee water quality. As the floating complex of flats permanently covers a large surface area of the water, the consequences for the water quality are yet to be determined.

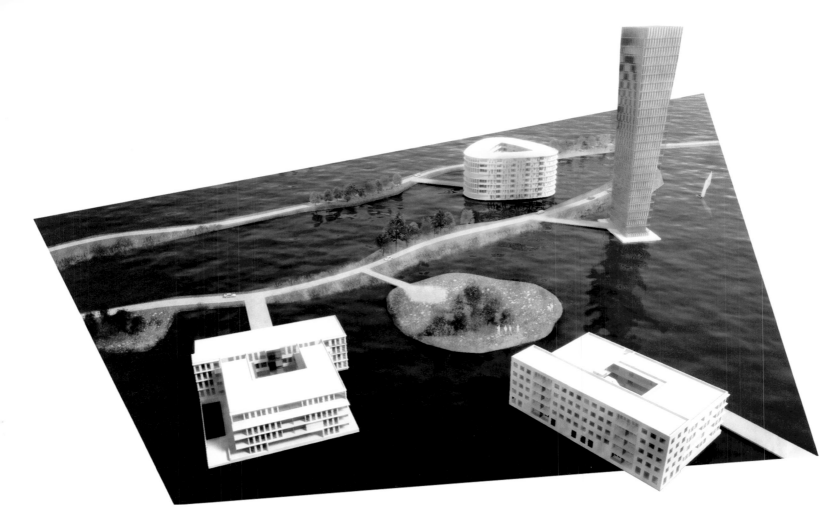

Westflank

Haarlemmermeer

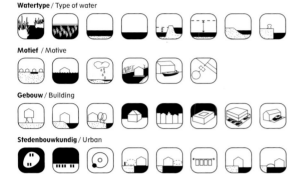

Watertype / Type of water

Motief / Motive

Gebouw / Building

Stedenbouwkundig / Urban

Voor de gemeente Haarlemmermeer is een grootschalig waterwoonplan ontwikkeld waarin een programma van 8000 woningen wordt gecombineerd met 3 miljoen m³ waterberging. Tijdens de ontwikkeling van het plan zijn verschillende ontwerpen de revue gepasseerd. Zowel het programma als de schaal van het ontwerp zijn daarbij als gevolg van voortschrijdend inzicht regelmatig aangepast. In alle ontwerpvarianten wordt de basis echter gevormd door dezelfde vaste bouwstenen en gedachtengangen.

De bodemgesteldheid was één van de belangrijke factoren bij de keuze van een locatie voor dit project. De westflank van de Haarlemmermeerpolder is geschikt voor waterberging doordat de ondergrond bestaat uit een veenlaag; die heeft, in tegenstelling tot de kleibodem in de rest van de polder, een betere waterwerende werking. Een tweede factor was de ligging van de waterberging ten opzichte van de rest van de polder: het watersysteem is afgestemd op een overheersende, zuidwestelijke windrichting; het water stroomt van zuidwest naar noordoost door de polder. Dit maakt de zuidwestflank de ideale plek om het schone zoetwater te bufferen en van daaruit te distribueren.

A large-scale amphibious housing development has been initiated for the municipality of Haarlemmermeer in a programme incorporating 8000 residences and three million cubic metres of water storage. Various designs were put forward at the development phase. The programme and the scale of the design have prudently been amended on a regular basis. All the design variations are constrained by deploying the same building blocks and ideas.

The soil condition was a prime reason for choosing Westflank for the project. The peat subsoil of the western flank of the Haarlemmermeer polder has better hydrophobic qualities than the clay soil in the rest of the polder and is therefore more suitable for water storage. A second reason was the position of the water storage in relation to the rest of the polder; the prevailing south westerly wind pushes the water from south-west to north-east through the polder. The south-western flank is therefore the best position for both buffering and distributing the clean freshwater.

The flood storage area is composed of two separate sections: a peak storage facility with a capacity of a million cubic metres and a seasonal storage with a capacity of a further two million

Het waterbergingsgebied bestaat uit twee aparte delen: een piekberging met een capaciteit van 1 miljoen m³ en een seizoensberging met een capaciteit van 2 miljoen m³. Voor de piekberging is de ligging aan de Ringvaart die de Haarlemmermeerpolder omgeeft en als hoofdboezem fungeert, essentieel: ze is bedoeld als noodoplossing voor het geval de Ringvaart overbelast raakt, een situatie die naar verwachting eens per vijf jaar voorkomt. Water uit de hoofdboezem kan in dat geval onder vrij verval via een overlaat worden ingelaten. De mogelijke consequenties daarvan voor de piekberging zijn een afname van de waterkwaliteit en het optreden van relatief grote peilfluctuaties, tot 3 meter. Een slechte waterkwaliteit kan leiden tot algenvorming en daarmee stankoverlast.

De seizoensberging speelt een andere rol in het plan. In natte perioden houdt het gebied regenwater vast en verlicht zo de druk op het gemaal waardoor de pompcapaciteit niet hoeft te worden uitgebreid. Afhankelijk van regenval en verdamping fluctueert het waterpeil tussen 1,00 en 1,60 meter. Dit zorgt voor een veranderlijk landschap door de seizoenen heen. De seizoensberging bevat water van hoge kwaliteit en heeft daarom geen open verbinding met de piekberging.

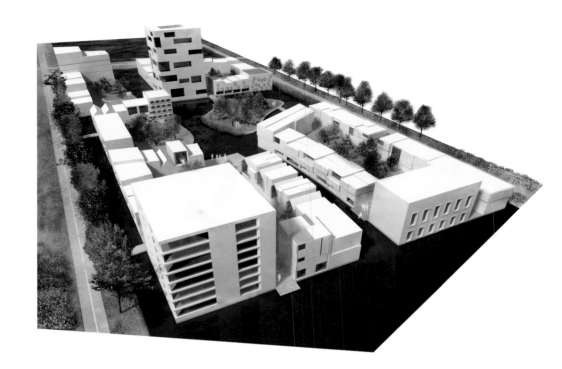

cubic metres. At peak storage its position on the Ringvaart canal that girds the Haarlemmermeer polder and its function as the main emergency accumulation outlet is essential in case the Ringvaart should threaten to overtop, a situation anticipated to occur once every five years. Water from the main collector basin can be flushed over a spillway. Possible consequences at peak storage are deterioration of the water quality and significant water-level swings of up to three metres. Poor water quality can lead to a stinking algae formation.

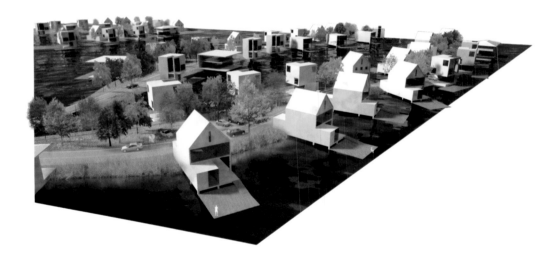

The area retains rainwater during wet periods, reducing pressure on the pump house and removing the need to increase pumping capacity. Depending on rainfall and evaporation, the water level fluctuates between 1 and 1.60 metres, creating a landscape that changes throughout the seasons. The seasonal storage harbours water of high quality that consequently has no open connection with the peak storage.

The varying characteristics of the peak and seasonal storages demand different programmes. The dyke-enclosed peak storage for instance has dry recreational areas that are submerged during high water events and that are unsuitable for residential purposes. The development

De uiteenlopende eigenschappen van de piek- en seizoensbergingen vragen om verschillende programma's. Zo omvat de omdijkte piek- berging droge recreatiegebieden die bij hoog water onderlopen. Ze zijn vanwege de relatief grote peilfluctuaties en schommelingen in waterkwaliteit niet geschikt voor woonfuncties. De bebouwing omvat daarom vrijstaande bedrijfsbebouwing op verhogingen. Er zijn ook delen van het bergingsgebied die een basiswa- terpeil van 1 meter hebben waardoor het water ook buiten een bergingsperiode beleefbaar is. Langs die delen is kadebebouwing te vinden met drijvende kantoortuinen. Holle dijken, gecombi- neerd met waterkerende dijkbebouwing, vormen een derde categorie. Op de begane grond, aan de binnenkant van een holle dijk, bevindt zich parkeerruimte. Bovenop, tussen de bedrijfs- gebouwen die tegen de dijk aanstaan, ligt een binnenstraat die door de bedrijven gedeeld wordt.

De seizoensberging wordt gekarakteriseerd door landtongen en eilanden die door hun oriëntatie en opzet refereren aan de oorspronkelijke polderstructuur. De bebouwing op de landtongen en eilanden kent verschillende dichtheden. Een groot deel bestaat uit vrijstaande en twee- onder-één-kap-woningen die vanaf het land worden ontsloten. Ze beschikken over tuinen

die in hoogte aflopen richting het water en naargelang het waterpeil variëren in grootte. Een meer stedelijke bebouwingsvorm wordt geboden door woonblokken waarbij gekozen is voor hardere kades langs het water. Het meest waterrijke gebied in de seizoensberging biedt ruimte aan een niche in het aanbod: paal- woningen die geheel in het water staan en aan de achterzijde zijn voorzien van drijvende terrassen. Naast deze initiële invulling laten de landtongen en eilanden ruimte vrij voor toe- komstige verdichting en bieden daarmee flexi- biliteit ten aanzien van marktontwikkelingen.

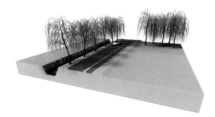

Oud profiel van de polder
Old profile of the polder

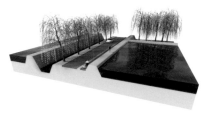

Nieuwe situatie water- landschap
New situation

therefore includes detached and elevated commercial structures and sections of the storage area that have a base water level of one metre all the year round.
Along such sections are quayside developments with floating office gardens. Above-ground tunnels, in combination with dyke defences against flooding, form a third category. A number of parking spaces have been realised inside an above-ground tunnel. Along the top, in between the commercial properties that are positioned against the dyke, is a sealed road for communal business access.

The seasonal storage is characterized by head- lands and islands that allude to the original polder structure in their orientation and design. The collections of structures on these headlands and islands are of varying density ratios. Many are detached and semi-detached houses that

open up from the land and feature gardens that slope down to the water and vary in size according to the water level. A more urban form of construction is offered by residential blocks where the water is bordered by sheet-pile walls. The most water-abundant zone in the seasonal storage area provides space for niche homes within the development range, such as a number of pile dwellings that are standing entirely in water but have floating terraces at the rear. In addition to such initial detailing, the headlands and islands leave room for future densification, responsive to market develop- ments.

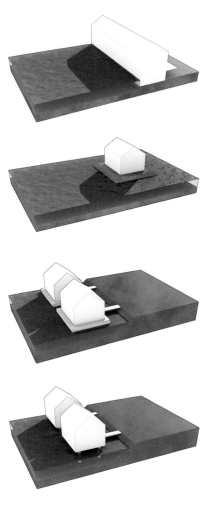

Westflank, Haarlemmermeer

Markt
en beleids-
ruimte

7

Market and scope for policy

Dit boek toont een breed scala aan ontwerpprincipes dat toepasbaar is op uiteenlopende vormen van waterwoningen. Ze zijn deels aanvulling, deels variaties op principes zoals die worden toegepast voor landwoningen. De nadruk ligt daarbij op stedenbouwkundige en architectonische aspecten. Specifieke principes en ontwerptechnieken volstaan echter niet voor de succesvolle verdere ontwikkeling van waterwonen. De ontwerpvrijheid wordt, net als op het land, ingekaderd door enerzijds overheidsbeleid en wetgeving, anderzijds woonwensen en marktacceptatie. Het overheidsbeleid in Nederland staat in het algemeen positief tegenover waterwonen, maar wetten en regels die ooit zijn opgesteld zonder te denken aan waterwonen leveren soms knelpunten op. Ook de markt reageert positief op waterwonen, maar de consument heeft slechts een beperkt beeld van alle nieuwe mogelijkheden en financiers en verzekeraars zien vooralsnog verhoogde risico's.

Woonwensen

Van de bewoners van traditionele waterwoningen – variërend van omgebouwde vrachtschepen tot eenvoudige woonarken in de grachten van grote steden – is bekend dat ze doorgaans veel waarde hechten aan een gevoel van vrijheid. Dat sluit dan ook aan bij de juridische status van hun woningen, roerend goed, waarvoor veelal beperktere regels gelden dan voor landwoningen. Ook de bewoners van moderne waterwoningen in een buurt als Steigereiland, IJburg, Amsterdam, zoeken een vorm van vrijheid.

Op het totale aantal woningen in Nederland vormen de traditionele waterwoningen echter een niche. Zeker de moderne verschijningsvormen van waterwoningen, zoals drijvende en amfibische huizen, zijn een relatief nieuw fenomeen op de woningmarkt. Over de bredere marktvraag in deze categorie is dan ook weinig bekend. De afgelopen jaren is daarom onderzoek gedaan naar de meningen, gevoelens en voorkeuren van de consument met betrekking tot waterwonen. Voorbeelden zijn het woonbeeldenonderzoek en de conjunctmetingen van de Stuurgroep Experimenten Volkshuisvesting (SEV). Die geven ondanks enige beperkingen in omvang en samenstelling van de onderzoeksgroep, een goede eerste indruk van de woonwensen.

Het woonbeeldenonderzoek is een in de jaren '80 ontwikkelde methodiek om de behoefte aan nieuwe, bij de consument nog onbekende woonvormen te meten. De methode bestaat kortweg uit twee stappen: informeren en meten. Woningtypen worden samengevat in woonbeelden, combinaties van woord en beeld. Woonbeelden lijken op makelaarsadvertenties en vormen gezamenlijk een set van inzichtelijke keuzemogelijkheden die wordt voorgelegd aan een onderzoeksgroep. De respondenten wordt vervolgens gevraagd om de woonbeelden naargelang voorkeur te rangschikken en bij elk woonbeeld aan te geven of men naar een woning van dat type zou willen verhuizen.

Bij conjunctmeten wordt aan de respondenten een aantal keuzeparen van woonprofielen getoond. De woonprofielen zijn samengesteld uit een willekeurige set kenmerken van woning en woonomgeving. Achtereenvolgens wordt de respondenten gevraagd om alle profielen een waardering te geven, een voorkeur voor één profiel uit te spreken en de bereidheid tot verhuizen naar het gekozen profiel aan te

This book presents a wide range of design principles applicable to diverse types of water dwellings. They are partly an expansion, partly variations on principles used in homes built on land, with an accent on the urban planning and architectural aspects. Specific principles and design techniques do not however account for the further successful development of living on the water. Just as on land, design freedom is framed by government policies and legislation, as well as housing preferences and market acceptance. Government policy in the Netherlands is generally positive towards living on the water, but laws and regulations which were set without any thought of this type of housing sometimes cause difficulties. The market, too, has a positive attitude towards water living, but the consumer has only a limited picture of all the new possibilities, and financers and insurers presently still see higher risks.

Housing preferences

It is known that the residents of traditional water homes – ranging from converted cargo ships to simple houseboats lining the canals of large cities – generally attach great value to a feeling of freedom. That also matches the legal status of their homes, moveable property, to which fewer rules usually apply than to homes on land. The residents of modern homes on the water in neighbourhoods such as Steigereiland, IJburg and elsewhere in Amsterdam are seeking a type of freedom.

Of the total number of dwellings in the Netherlands, however, traditional water dwellings are a niche market. Certainly the modern forms of water dwelling, such as floating and amphibious homes, are relatively new phenomena on the housing market. Little is known about broader market demand in that category. Research has been done in recent years on the opinions, feelings and preferences of consumers about living on the water. Examples include housing preference research and conjoint analysis by the SEV (Housing Experiments Steering Group). Despite some limitations in scope and composition of the research group, they give a good first impression of housing preferences.

Housing preference research follows a method developed in the 1980s to assess demand for new housing forms with which consumers were as yet unfamiliar. In short, the method consists of two steps: information gathering and analysis. Types of residences are summarised into residential images, combinations of words and images. Residential images resemble estate agents' advertisements and together form a set of options presented to the research group to provide insight into their preferences. The respondents are then asked to rank the residential images according to preference and for each image to indicate whether they would like to move to that type of dwelling.

In conjoint analysis, respondents are shown a number of pair options of housing profiles. The housing profiles are composed of a random set of attributes of homes and residential settings. Then the respondents are asked to assign a value to each profile, to choose one profile as their preference and to indicate their willingness to move to the profile they have chosen. In the case of living on the water, the usual set of housing attributes is expanded in conjoint

geven. In het geval van waterwonen wordt de bij conjunctmeten gebruikelijke set van woningkenmerken uitgebreid met specifieke kenmerken, zoals het type fundering, de beschikbaarheid van vrij uitzicht, een ligplaats voor een boot of bepaalde karakteristieken van het open water zoals breedte of peilfluctuaties.

Zowel het woonbeeldenonderzoek als de conjunctmetingen laten zien dat een meerderheid van de respondenten de voorkeur geeft aan 'droge' woonbeelden zoals dijk- en terpwoningen, met een tuin tussen water en woning. Een minderheid verkiest de situatie waarbij de woning direct aan het water grenst, bijvoorbeeld op palen, of op het water drijft. De liefhebbers van waterwonen verwachten een dorpse, landelijke omgeving met rust, ruimte en een wijds uitzicht. Over peilfluctuaties maken zij zich niet zoveel zorgen, alhoewel een meerderheid binnendijks wonen prefereert boven buitendijks wonen. Een uitgesproken voorkeur voor traditionele of moderne architectuur is niet vastgesteld, een voorkeur voor vrijstaande woningen daarentegen wel. Daarnaast is er ook belangstelling voor geschakelde of gestapelde waterwoningen, zolang het uitzicht maar ruim is. De respondenten verwachten verder een verbinding tussen een ligplaats aan het open water en het landelijke waterwegennet.

Enkele concrete getallen uit actueel onderzoek ten tijde van het ter perse gaan van dit boek: ruim 50% van de woningzoekenden spreekt een positieve waardering uit voor een waterrijke woonomgeving, 40% staat er neutraal tegenover en minder dan 10% is negatief gestemd. Binnen de grote groep positief gestemden is er een kleine voorhoede die een uitgesproken hoge waarde toekent aan waterwonen, en dan vooral aan woningen van het vrijstaande type.

Ontwikkeling en beleid

In de naoorlogse periode ontstond geleidelijk een vloot van circa 10.000 woonschepen en woonarken. Daarna ging het water 'op slot' en kwamen er geen nieuwe ligplaatsen bij. Voor elke nieuwe woonark moet sindsdien een oude verdwijnen. Decennia van restrictief beleid hebben inmiddels plaatsgemaakt voor hernieuwde aandacht voor waterwonen. Sinds de eeuwwisseling stimuleren de rijksoverheid, provincies en gemeenten in Nederland de bouw van nieuwe waterwoonwijken. Ook Rijkswaterstaat en waterschappen staan positiever tegenover dubbel ruimtegebruik – waterberging en stedelijke functies – in waterrijke gebieden. De overheid ziet in dat daar zowel vanuit het perspectief van woningbouw als vanuit het oogpunt van waterbeheer voordelen bij te behalen zijn.

Een positieve grondhouding of stimuleringsmaatregelen betekenen niet dat knelpunten die de ontwikkeling belemmeren, automatisch verdwijnen. De Nederlandse wet- en regelgeving gaat vooralsnog uit van bebouwing op het land. Aan een deel van de eisen is op of aan het water lastig te voldoen; een ander deel lijkt soms overbodig voor waterwoningen. Voor innovatie en ontwikkeling op het gebied van waterwoningen is het belangrijk dat het openbaar bestuur heldere wettelijke en bestuurlijke kaders schept.

Het meest elementaire en belangrijke vraagstuk op juridisch gebied betreft de formele status van een waterwoning als roerend of onroerend goed. Deze status bepaalt in belangrijke mate welke wet- en regelgeving van toepassing is op een waterwoning. Ook de beschikbaarheid van bijvoorbeeld (hypothecaire) financieringen

analysis to include specific attributes, such as the type of foundation, the availability of an unobstructed view, a berth for a boat or other specific characteristics of open water such as width, or fluctuations in water level.

Both housing preference research and conjoint analysis showed that a majority of respondents prefer 'dry' residential images such as dyke and raised-land [terp] dwellings, with a garden between the water and the building. A minority chose a situation where the dwelling borders directly on the water, for example, on piles, or floats on the water. The enthusiasts of water living anticipated a village-like location in the countryside offering tranquillity, spaciousness and panoramic views. They were not too worried about fluctuations in water level, although a majority would prefer to live within a dyked-in area rather than on the outer dyke. A clear preference for traditional or modern architecture did not emerge, but a preference for a free-standing home did. There was also interest in semi-detached or stacked water dwellings, as long as they offered a spacious view. The respondents furthermore expected there to be a connection between a berth on the open water and the national waterway network.

A few concrete figures from current research at the time this book went to press: well over 50% of house hunters expressed appreciation for a residential area with a great deal of water, 40% felt neutral and fewer than 10% responded negatively. Within the large group with a positive attitude, a small number on the leading edge attached great value to living on the water, especially in free-standing residences.

Development and policy

In the post-war period the Netherlands' fleet of houseboats grew to about 10,000, after which the water was 'locked up' and no new berths were added. Since then, for every new houseboat that is allocated, an existing houseboat has to be removed. But following decades of restrictive policy, there is now renewed interest in houseboats. Since the turn of this century, central, provincial and local government in the Netherlands has been stimulating the construction of new residential neighbourhoods on the water. The Ministry of Transport, Public Works and Water Management and district water boards are taking a more positive view towards dual space use – water storage and urban functions – in areas with a great deal of water. The government recognises that there are many advantages, from both a home construction and a water management perspective.

Fundamentally positive attitudes or incentive measures do not mean that the pressure points that hinder development will automatically disappear. Dutch law and regulations are still based onshore. A portion of the requirements are difficult to fulfil on or alongside the water; another portion is unnecessary for water dwellings. For innovation and development to proceed in the area of water dwellings, it is vital that public authorities create a clear legal and administrative framework.

The most basic and key legal question concerns the formal status of a water dwelling as moveable property or real estate, which status determines to an important degree the legislative and regulatory

Landelijke terpwoning
Rural terp house

hogere prijssegment
higher price segment

€€€

vrijstaande woning (180 m²)
detached house (180 m²)

parkeren op eigen erf
city-street parking

buitenruimte; tuin
outdoor area; garden

ligplaats collectief
communal mooring

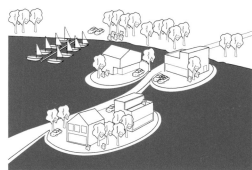

Landelijke dijkwoning
Rural dyke house

hogere prijssegment
higher price segment

€€€

vrijstaande woning (180 m²)
detached house (180 m²)

parkeren op eigen erf
off-street parking

buitenruimte; tuin
outdoor area; garden

ligplaats aan de woning
private mooring

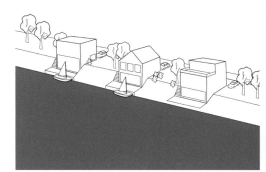

Landelijke paalwoning
Rural pile house

hogere prijssegment
higher price segment

€€€

vrijstaande woning (180 m²)
detached house (180 m²)

parkeren op eigen erf
off-street parking

buitenruimte; terras
outdoor area; terrace

ligplaats aan de woning
private mooring

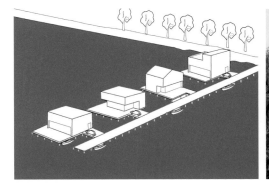

Suburbane drijvende woning
Suburban floating house

middelste prijssegment
medium price segment

€€€

rijwoning (140 m²)
terraced house (140 m²)

parkeren collectief
public parking

buitenruimte; terras
outdoor area; terrace

ligplaats aan de woning
private mooring

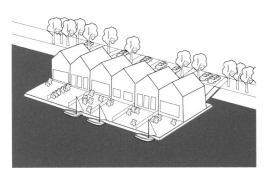

Suburbane dijkwoning
Suburban dyke house

middelste prijssegment
middelste price segment

appartementen (120 m²)
apartments (120 m²)

gemeenschappelijk parkeren
communal parking

buitenruimte; balkon
outdoor area; balcony

ligplaats; collectief
communal mooring

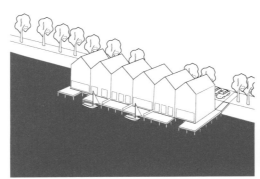

Suburbane paalwoning
Rural terp-house

middelste prijssegment
medium price segment

rijwoning (140 m²)
terraced house (140 m²)

parkeren collectief
communal parking

buitenruimte; terras
outdoor area; terrace

ligplaats aan de woning
private mooring

Stedelijke kadewoning
Urban quay house

middelste prijssegment
medium price segment

appartementen (120 m²)
apartments (120 m²)

gemeenschappelijk parkeren
communal parking

buitenruimte; balkon/terras
outdoor area; balcony/terrace

ligplaats; collectief
communal mooring

Landelijke drijvende woning
Rural floating house

hogere prijssegment
medim price segment

vrijstaande woning (180 m²)
detached house (180 m²)

parkeren collectief
communal parking

buitenruimte; terras
outdoor area; terrace

ligplaats aan de woning
private mooring

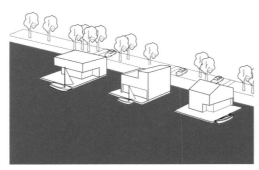

Markt en beleidsruimte

Suburbane terpwoning
Suburban terp house

middelste prijssegment
medium price segment

appartement (120 m²)
apartment (120 m²)

gemeenschappelijk parkeren
communal parking

buitenruimte; balkon/terras
outdoor area; balcony/terrace

ligplaats; collectief
communal mooring

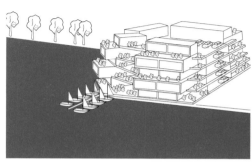

Stedelijke drijvende woning
Urban floating house

middelste prijssegment
medium price segment

appartement (120 m²)
apartment (120 m²)

gemeenschappelijk parkeren
communal parking

buitenruimte; balkon/terras
outdoor area; balcony/terrace

ligplaats; collectief
communal mooring

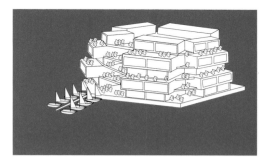

Stedelijke terpwoning
Urban terp house

middelste prijssegment
middelste prijssegment

appartement (120 m²)
apartment (120 m²)

gemeenschappelijk parkeren
communal parking

buitenruimte; balkon/terras
outdoor area; balcony/terrace

ligplaats; collectief
communal mooring

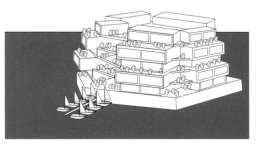

Stedelijke paalwoning
Urban pile house

middelste prijssegment
medium price segment

appartement (120 m²)
apartment (120 m²)

gemeenschappelijk parkeren
communal parking

buitenruimte; balkon/terras
outdoor area; balcony/terrace

ligplaats; collectief
communal mooring

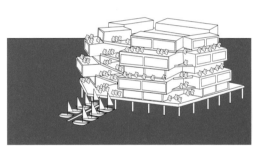

hangt er nauw mee samen. Oudere types waterwoningen zijn relatief eenvoudig te classificeren. Zo is een tot woning omgebouwd schip eenvoudig als roerend goed te bestempelen, en een woning aan een oever of op een terp, dijk of palen, als onroerend goed. Voor andere, nieuwere types is dit een lastiger vraagstuk: een drijvende of amfibische woning bijvoorbeeld heeft zowel kenmerken van een landwoning als van een woonboot of woonark.

Woonarken worden tot nu toe beschouwd als roerend goed. In vergelijking met onroerend goed levert dit aan de ene kant meer vrijheid op omdat de Woningwet en het Welstandstoezicht niet van toepassing zijn, aan de andere kant ook meer risico, omdat elke gemeente haar eigen regime kan bepalen voor bijvoorbeeld bouwtoezicht en lokale heffingen. Ontwikkelaars van grotere nieuwe waterwoonlocaties streven voor drijvende en amfibische woningen naar de status van onroerend goed, omdat daarmee dezelfde wetten en regels van toepassing worden die ook op het land gelden. Dit betekent meer zekerheid voor kopers, banken en verzekeraars.

In Nederland kan eenzelfde type drijvende woning tegelijkertijd worden aangemerkt als roerend en onroerend goed. Als in het ter plaatse geldende bestemmingsplan de functie 'woningen' is aangegeven en de drijvende woning 'duurzaam met de grond (wal of bodem) verbonden is', dan is het onroerend goed en dus een bouwwerk. Dezelfde woning kan desondanks volgens het fiscaal recht worden behandeld als roerend goed, net als alle andere objecten die drijven. Dit betekent dat er geen onroerendezaakbelasting kan worden geheven. Daarnaast zijn de voorwaarden voor financiering en verzekering minder gunstig vanwege de mogelijkheid dat

woning en ligplaats gescheiden worden. Het doorvoeren van wetswijzigingen om de criteria gelijk te trekken zal nog enkele jaren in beslag nemen.

Ook als de status van onroerend goed eenduidig is kunnen er problemen optreden bij het verlenen van vergunningen. De Nederlandse bouwregelgeving is tamelijk abstract geformuleerd en kan in principe ook worden toegepast op woningen die op een kolom water zijn gefundeerd in plaats van op staal of betonpalen. Voor alle functionele eisen dienen dan 'gelijkwaardige oplossingen' te worden gevonden. Hier wringt de schoen omdat lokale toezichthouders zelf maatstaven gaan bepalen en dan het zekere voor het onzekere nemen – omdat waterwonen nieuw is. Ook raadgevende instanties zoals de brandweer en nutsbedrijven hebben deze neiging. Met het oog op een eenduidige interpretatie van wetten en regels omtrent de drijvende bouw is de Nederlandse overheid daarom begonnen met de uitgave van handleidingen voor ambtenaren en het opzetten van een helpdesk. Daarnaast worden normen ontwikkeld voor specifieke aspecten van drijvende woningen, zoals drijfvermogen, stabiliteit, scheefstand, deining en aanvaring.

Gemeenten, waterschappen en nutsbedrijven hebben weliswaar ervaring met individuele drijvende woningen, maar nauwelijks met complexe drijvende structuren zoals drijvende flatgebouwen, drijvende steigerstructuren met woningen en nutsvoorzieningen, en drijvende plateaus met complete woningblokken en infrastructuur. Daarom zijn normen in ontwikkeling op het gebied van brandveiligheid, bereikbaarheid en waterkwaliteit voor grotere drijflichamen.

measures that apply to a water dwelling. The availability of mortgage financing, for example, is closely connected. Older types of water dwellings are relatively easy to classify. A ship which has been converted to a residence can simply be labelled as moveable property, and a home built along an embankment, or on a dyke, raised land area or piles, as real estate. For other, newer versions, the question becomes more difficult: a floating or amphibious dwelling, for example, has characteristics of a home built on land as well as those of a houseboat.

Until now, houseboats have been considered moveable property, allowing more freedom than fixed real estate because the Dutch Housing Act and aesthetics requirements do not apply; however, the risks are greater because each local council can determine its own system for building inspection and local levies, for instance. Developers of the larger new water-home locations are strongly advocating real-estate status for floating and amphibious dwellings, because then the same laws and regulations would apply as to dwellings on land, providing more certainty for buyers, banks and insurers.

In the Netherlands, the same type of floating dwelling might be concurrently designated as moveable property and real estate. If the local land use plan indicates residences and the floating dwelling is 'permanently connected to the land (embankment or ground)' the home is real estate and thus a building. In financial law, the same dwelling might nonetheless be considered moveable property, like all other objects that float, meaning no property tax can be imposed. However, the conditions for financing and

insurance are less favourable, due to the possibility that dwelling and berth could be separated. Amending legislation to reconcile the criteria will take several years yet.

Even when the status of real estate is unambiguous, problems can arise in the granting of permits. Dutch building regulations are formulated in a fairly abstract way and in principle could be applied to dwellings which are built on a column of water instead of steel or concrete piles. Equivalent solutions should be found for all functional requirements. This is where the problem becomes apparent: local inspectors determine their own standards and want to play safe, simply because living on the water is a new development. Advisory bodies such as the fire brigade and public utilities have a similar tendency. To accommodate a uniform interpretation of laws and regulations on floating construction, the Dutch government has therefore started to publish manuals for civil servants and established a helpdesk. Moreover, standards are being developed for specific aspects of floating dwellings, such as buoyancy, stability, tilting, rocking and collision.

Municipalities, district water boards and public utilities do have experience with individual floating dwellings, but hardly any with complex structures such as floating blocks of flats, floating structures supporting dwellings and public utilities, and floating platforms with complete blocks of homes and infrastructure. Standards are therefore being developed in the areas of fire safety, accessibility and water quality for larger floating entities.

A good example of legislation and regulations which should be

Een goed voorbeeld van regelgeving en voorschriften die door alle betrokken partijen nader uitgewerkt dienen te worden, is de omgang met het thema brandveiligheid: de wet- en regelgeving op dat gebied gaat in eerste instantie uit van bebouwing op het vaste-land. Zo zijn er bijvoorbeeld eisen die betrekking hebben op de bereikbaarheid van een pand per voertuig, eisen die verhinderen dat oppervlaktewater zonder meer als bluswater kan worden gebruikt of eisen op het gebied van het voorkomen van vervuiling van het oppervlaktewater door vervuild bluswater.

Een interessante ontwikkeling wordt gevormd door het amfibisch of flood proof bouwen in gebieden met peilfluctuatie: langs de grote rivieren, op het IJsselmeer (door op- en afwaaiing) en in het Delta-gebied. In het bestemmingsplan wordt aangegeven welke peil-fluctuatie kan voorkomen en hoe vaak. Vervolgens worden ontwerp-criteria gegeven voor vloedwerende maatregelen in de plint van een gebouw of voor funderingen en geleidepalen voor amfibische bouw-werken. Ook kunnen beheervoorschriften voor de hoogwater situatie worden toegevoegd, een zogenaamd hoogwaterplan. Aangegeven dient ook te worden hoe bouwwerken bereikbaar blijven bij hoog water.

In de Nota Ruimte voor Rivieren heeft het restrictieve bouwbeleid in het stroomgebied van de grote rivieren geleidelijk aan plaats-gemaakt voor het toestaan van een beperkt aantal kleinschalige buitendijkse bouwlocaties, onder de voorwaarde dat de bouw over-stromingsbestendig wordt uitgevoerd en geen nadelige invloed heeft op het afvoervolume van de rivieren.

Op de planologische kaart van Nederland zullen de grotere locaties voor waterwijken en watersteden nog ingetekend worden. Het eerste grotere bestemmingsplan met de dubbelbestemming 'wonen en waterberging' kwam in 2009 gereed in het Westland. Het eerste grotere plan met drijvende woningen gedefinieerd als onroerend goed werd in 2010 gerealiseerd in Amsterdam. In het komende decennium worden meerdere nieuwe grote locaties verwacht in het lage westen en midden van Nederland,– daar waar zowel woningen als water-berging nodig zijn.

more specifically detailed for all concerned parties is how to deal with the subject of fire safety: legislation and regulations in this area were initially based on buildings on the mainland. For instance, there are requirements that pertain to a building's accessibility by vehicle, requirements that forbid the use of surface water to extinguish fires indiscriminately and requirements aimed at preventing surface water from being polluted by water used to extinguish fires.

An interesting development is amphibious or flood-proof construction in areas with water-level fluctuation: along the major rivers, on the IJsselmeer lake with its gusting winds and in the Delta area. The amount and frequency of water level fluctuation is stated in the zoning plan. Then design criteria are provided for flood-resistant measures in the plinth of a building or for the foundations and guiding poles of amphibious buildings. Rules for managing the high-water situation could also be included in the form of a high-water plan which should indicate how buildings can remain accessible in the case of high water.

In the Space for the Rivers policy document [Nota Ruimte voor Rivieren] restrictive building policy in the catchment areas of the large rivers is gradually relaxed to allow a limited number of small-scale building locations in areas outside the dykes, under the condition that construction is flood-resistant and does not negatively impact on the drainage capacity of the rivers.

Larger locations for neighbourhoods and cities on the water have yet to be mapped by planning authorities in the Netherlands. In 2009 the Westland region wrote the first major zoning plan with the dual-use category 'residential and water storage'. The first major plan with floating dwellings defined as real estate was realized in 2010 in Amsterdam. In the coming decades a number of new large locations are expected in the low-lying areas of the western and central Netherlands, where both dwellings and water storage are needed.

Bijlage
Ontwerptools

Appendix
Design tools

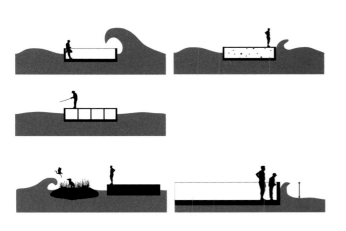

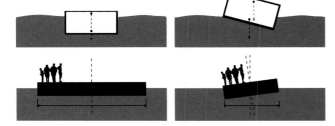

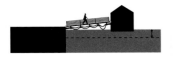

Techniek

Een drijvend object behelst veel technische aspecten. (On)zinkbaarheid, golfinslag, stabiliteit en scheefstand spelen een belangrijke rol in het ontwerp.

(On)zinkbaarheid van het drijflichaam
Door golfinslag of een botsing met een kade of een schip kan een drijvend object zinken. De 'zinkbaarheid' van een drijflichaam hangt af van de manier waarop het is opgebouwd. Ten opzichte van een holle bak heeft een massief of gecompartimenteerd drijflichaam een aanzienlijk kleinere kans op zinken. Het drijflichaam kan dan namelijk niet in één keer vollopen met water.

Beschermen tegen golven
In woongebieden valt de golfslag doorgaans mee, maar op het open water kunnen onder extreme omstandigheden golven tot 1,5 meter hoogte ontstaan. Strekdammen of golfbrekers zijn een geschikt hulpmiddel om woningen tegen golfslag te beschermen, daarnaast kan een drijvend moeras of groenstrook voor de woning een uitkomst zijn.

Stabiliteit en scheefstand
Stabiliteit en scheefstand worden vaak door elkaar gebruikt, maar betekenen niet hetzelfde. Deze begrippen hangen wel met elkaar samen: hoe stabieler de woning, hoe kleiner de kans op scheefstand. Stabiliteit zegt iets over de mate waarin een object geneigd is te kantelen. Het zwaartepunt speelt daarbij een belangrijke rol: hoe lager het zwaartepunt ligt en hoe groter de massa, hoe stabieler een object in het water ligt. Een groot, plat oppervlak is redelijk stabiel. Scheefstand betekent dat een object niet recht in het water ligt. De vloeren liggen dan scheef, hetgeen een oncomfortabel gevoel geeft. De windrichting en de symmetrie van de massa kunnen de scheefstand beïnvloeden. De scheefstand van een woning kan worden verholpen door de verdeling van de massa van de woning te beïnvloeden. Dit kan door binnen het drijflichaam water te verplaatsen of, daar waar nodig, extra drijfvermogen toe te voegen.

Flexibele kabels en leidingen
Om peilverschillen bij drijvende of amfibische woningen op te vangen wordt vaak gebruik gemaakt van flexibele aansluitingen van leidingen op vaste infrastructuur. Kabels en leidingen die woningen met de wal verbinden hebben dan een overlengte, waardoor deze de optredende peilfluctuaties kunnen opvangen. Voor water en elektra is dit relatief eenvoudig. In het geval van de aansluiting van de riolering is dit iets complexer. De toepassing van een flexibele buis vereist het gebruik van een 'grinder' die het afvalwater vermaalt voor het de buis ingaat.

Geleidingspaal drijvende woningen
Een drijvende woning ligt direct in het water. Dit betekent dat bewoners golven beleven in de vorm van schommelingen en dat krakend ijs oorverdovend kan doorklinken in de woning. Voor veel bewoners is dit de charme van een drijvende woning, voor sommige een nadeel. Echter, er bestaan vele technische oplossingen en snufjes om de 'ongemakken' van drijvend wonen te verlichten. Scheefstand en schommelingen zijn bijvoorbeeld te voorkomen door de woning aan een geleidingspaal te leggen. Geleidingspalen zorgen ook dat de woning bij hoog water op dezelfde plaats blijft liggen. De

Engineering

A floating object involves many technical variables; likelihood of sinking, the effect of waves, stability and trim are important aspects of any design.

Likelihood of the floating base sinking
Waves or a collision with a bank or ship can sink a floating home. The likelihood of a floating base sinking depends on its construction. Compared to a hollow vessel, a solid base of flotation material cannot sink at all and a compartmentalized floating base has little chance of sinking as it is unlikely that every compartment will flood at once.

Wave protection
In residential areas waves are generally moderate, but in open water and under extreme conditions they can reach up to 1.5 metres. Longitudinal embankments or breakwaters offer significant protection and a floating marsh or shrubbery in front of the house can mitigate the risk of flooding.

Stability and trim
Stability and trim are often used interchangeably, but while they do not in fact mean the same thing, they are connected: the more stable the dwelling, the smaller the risk of its being out of trim. Stability refers to the degree to which an object is inclined to capsize. The lower the centre of gravity and the greater the mass, the more stable an object will be in the water. A large, flat surface is reasonably stable. If an object is out of trim it does not sit evenly in the water. Its floors will not be level, which produces an uncomfortable sensation. The direction of the wind and the symmetry of the mass can influence the trim of a dwelling. Any imbalance can be corrected by redistributing the dwelling's mass, for instance by moving water within the floating base or, where necessary, adding extra floating capacity.

Flexible cables and pipes
To take into account variations in the water level engineers employ flexible and extra long cables and pipes to connect floating or amphibious dwellings to the fixed infrastructure. Flexible water and electricity connections are relatively simple, but sewerage systems are more complicated. The flexible sewage tube must be fitted with a grinder that mills the solids of the waste water before it enters the tube.

A guiding pole for floating dwellings
Residents of a floating dwelling can feel their property moving with the waves while creaking ice can be very loud indeed inside an icebound floating home. For many residents this is part of the charm of a floating dwelling, for some a disadvantage. There are, however, plenty of technical solutions and devices to alleviate the possible discomforts of a floating life. Imbalance and swaying, for example, can be prevented by attaching the property to two guiding poles which will hold the dwelling in place in the event of high water, riding on the rising and falling surface of the water. The height of the guiding

woning kan langs deze palen omhoog en omlaag bewegen. Bij het gebruik van één paal blijft de woning stabiel op haar plaats, maar kan wel roteren. Bij het gebruik van twee palen is de positie gefixeerd en rotatie onmogelijk. De hoogte van de geleidingspalen wordt bepaald door de te verwachten peilverschillen, soms wel tot 5 meter. Bij woningen in gebieden waar dergelijke grote fluctuaties kunnen optreden domineren de palen daardoor vaak het beeld. In recente ontwerpen worden de geleidingspalen daarom weggewerkt in de woning.

poles is determined by the anticipated differences in the water level, which can be as high as five metres. Because the poles tend to be a dominant feature in areas where such huge fluctuations may occur, in recent designs they have been concealed within the construction of the house.

 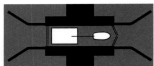

Prefabriceren
Indien een waterwoonlocatie via het waterwegennetwerk te bereiken is, kunnen waterwoningen worden gefabriceerd en vervolgens worden ingevaren op locatie. Dit is bijvoorbeeld gebeurd met het merendeel van de woningen van het Steigereiland in IJburg. Woningen moeten dan wel binnen de afmetingen van eventueel aanwezige sluizen of bruggen passen. Daarnaast moeten de te verplaatsen eenheden stabiel genoeg zijn om individueel verplaatst te kunnen worden.

Prefabrication
If a water-based residential area is accessible via the waterways network, water dwellings can be prefabricated and towed by tugs to their location, as happened with most of the properties at Steigereiland in IJburg. In that case the dwellings had to conform to the dimensions of locks and bridges along the way. The individual units must be sufficiently stable to be towed.

Flood proof kades
Flood proof kades zijn bij voorkeur voorzien van een afschot richting het water. Door een dergelijke voorziening loopt het water, zodra het hoge water weer daalt, makkelijker weg uit het flood proof gebied. Met de keuze van beplanting en materialisering dient rekening gehouden te worden met het hoge water. Planten die slecht water verdragen en materialen die lastig te reinigen zijn brengen veel extra onderhoud met zich mee in geval van hoog water.

Flood-proof banks
Flood-proof banks should ideally slope down to the water, facilitating run-off from the flood-proof area as soon as the high water subsides. Plantings and materials must be chosen with care; plants that cannot survive inundation and materials that are difficult to clean involve a lot of extra maintenance when the water level rises.

Piekoverlaat
Een piekoverlaat kan grote gevolgen hebben doordat het ingelaten water lang niet altijd van goede kwaliteit is. Zeker bij water met een beperkte diepte kan de hoeveelheid water bij piekoverlaat bijna verdubbelen. Aangezien het ecosysteem in het water daar niet goed tegen is bestand, wordt een piekoverlaat dan ook alleen in geval van nood toegepast.

Overflow
Overflow can have major ramifications because the quality of the incoming water may be poor. Shallow waters, can double in volume when subject to an overflow. Since the water's ecosystem has difficulties coping, overflow is only ever used in dire emergencies.

Sterkte drijflichaam amfibische woning
Een amfibische woning heeft een ander krachtenverloop in de onderbouw dan een drijvende woning. Wanneer de woning op het land staat, ontbreekt de gelijkmatig verdeelde opwaartse druk van het water die de woning ondervindt in drijvende toestand. Daarom wordt het drijflichaam van een amfibische woning doorgaans steviger uitgevoerd dan dat van een drijvende woning.

The strength of the floating base of an amphibious house
The distribution of forces in the base of an amphibious house is different to that of a floating dwelling. On land the property lacks the uniform upward force of the water experienced when floating; the floating base of an amphibious house is commonly more robust.

Beplanting
Door riet in drijvende bakken te plaatsen is het geschikt voor dieper water. Het kan dan ingezet worden als drijvende tuin of afscheiding tussen woningen. Bomen, op het land vaak benut ten behoeve van privacy en schaduw, zijn lastig op een drijflichaam onder te brengen vanwege hun hoge zwaartepunt. Op kleine eilanden, steigers, landtongen en speciaal hiervoor ontworpen boomhouders zijn bomen daarentegen wel mogelijk.

Greenery
Reeds planted in floating boxes in deeper water can function as a floating garden or as a boundary marker between properties. Trees, often used to provide privacy and shade on land, are problematic on a floating foundation because of their high centre of gravity. Small islands, jetties, spits and specially designed tree holders on the other hand can accommodate trees.

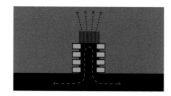

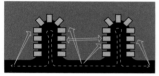

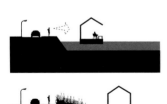

Ontwerptools

Openbare functie aan het einde van een doodlopende straat
In doodlopende woonstraten hebben ongenode bezoekers weinig te zoeken. De straat verandert daardoor in semi-private ruimtes, een effect dat bij steigers versterkt wordt door het gebruik van hout of metaal als constructiemateriaal, voetstappen klinken dan hard door boven het water. Hoewel veel bewoners een woonstraat met een privaat karakter als prettig ervaren, kan dit onwenselijk zijn doordat een dergelijke straat zich onttrekt aan het publieke domein. Een openbare functie aan het einde van de steiger of landtong biedt uitkomst. Zo kan 'open zicht' al voldoende zijn om de barrière voor het betreden van de steiger op te heffen.

Zicht of privacy vanaf de openbare weg of tussen twee woningen
Open water wordt in veel ontwerpen van waterwoningen benaderd als privaat gebied, vergelijkbaar met de besloten achtertuin van een landwoning. In veel gebieden heeft het water echter een openbare status. Het gevolg is dat de privacy bij waterwoningen in die gebieden onder druk staat doordat, zowel vanaf het water als vanaf de openbare wegen langs het water, vrij zicht bestaat op private onderdelen van de woningen. Er zijn verschillende manieren om te voorkomen dat personen in de openbare ruimte of buren zicht hebben op het private deel van een woning. Beproefde methoden zijn het toepassen van bufferzones, het plaatsen van objecten zoals planten, het creëren van voldoende afstand tussen een woning en haar omgeving of een goed doordachte oriëntatie van een woning.

Ook op de schaal van individuele woningen speelt privacy een rol. Zo is het mogelijk dat bij twee vrijstaande, naast elkaar gelegen waterwoningen ramen aan de zijkanten direct zicht op de buren geven. Bij landwoningen komen in dergelijke gevallen vaak erfafscheidingen voor om het zicht te beperken, maar op het water leidt dit tot zicht op de naastgelegen woning. Bij dergelijke naast elkaar gelegen woningen kunnen gesloten zijgevels een uitkomst bieden. Dit levert doorzonwoningen op die zich zowel op de oever als op het water richten en privacy bieden richting naastgelegen woningen.

Privacy door een buffer
Bufferzones kunnen in uiteenlopende varianten worden ingezet om de privacy van waterwoningen te bevorderen. Zo kan een steiger of landtong als doodlopende straat een private indruk wekken en daarmee een buffer vormen. Een voortuin of niveauverschil kan de bufferfunctie aan landzijde vervullen bij een woning die aan het water staat, net als bij een reguliere landwoning. Achtertuin, terras of privé steiger bieden vergelijkbare oplossingen aan de waterzijde.

Privacy door oriëntatie
Veel waterwoningen hebben een relatief gesloten gevel richting de vaste wal en een geopende gevel richting het water. Zo draagt de oriëntatie van de woning bij aan privacy.

Privacy door objecten zoals beplanting
Beplanting op een oever kan het zicht vanaf de openbare weg op tuinen en terrassen aan het water verhinderen. Dit vermindert echter ook het openbare zicht vanaf de weg op het water,

Design tools

A public function at the end of a cul-de-sac
Residential cul-de-sacs that deter unwanted visitors become semi-private spaces, an effect that is only intensified by the timber or steel construction of jetties causing footsteps to reverberate loudly above the water. Although many residents appreciate the private character of a no-through road, such a withdrawal from the public domain can have undesirable consequences. A public function at the end of the jetty or spit can be a solution. An unobstructed view can be enough to lift the barrier to setting foot on the jetty.

A view or privacy from the public road or between two properties
In many water-based housing designs open water is treated as a private space, akin to the enclosed back garden of a land-based property. But in many areas the water actually has a public status. As a result, the privacy of the water dwellings in these areas comes under pressure because both the water and the public roads along it offer unobstructed views of the homes' private quarters. There are several ways to prevent people in the public space or neighbours from seeing these private spaces. Tried and tested methods include the use of buffer zones and objects such as plants, the creation of sufficient distance between a property and its surroundings and a well thought-out orientation.

Privacy is also an issue for individual properties. The side windows of two detached, adjacent water dwellings could offer a direct view of the neighbours. In such cases land-based dwellings often use fences to obstruct the view, but on water this is not an option. Closed side façades can be a solution. This produces so-called 'see-through' dwellings that are oriented towards both land and water and provide privacy from neighbouring properties.

Privacy through a buffer
A range of different buffer zones can be deployed to foster the privacy of water dwellings. A dead-end jetty or spit of land can create the impression of a private space and thereby become a buffer. A front garden or a difference in level can serve as a landside buffer for a property by the water, just as it does for a regular, land-based property. A back garden, terrace and private jetty offer similar solutions on the waterfront.

Privacy through orientation
Many water dwellings have a relatively closed façade toward the mainland and an open façade facing the water; the dwelling's orientation contributes to the level of privacy.

Privacy through objects such as plants
Greenery on a bank can obstruct the view of waterfront gardens and terraces from the public road. But as that restricts the view of the water from the road it is not always desirable.

hetgeen niet altijd wenselijk is. Een tussenoplossing is het aanbrengen van beplanting in het
water aan de voorzijde van een woning, bijvoorbeeld in de vorm van een rietkraag. Op deze
manier wordt zowel privacy geboden aan de
woningen als zicht over het water behouden
vanaf de wal.

As a compromise greenery can be planted in
the water in front of a property, for example a
reed border, providing privacy while preserving
the view of the water from the shore.

Privacy door afstand

Privacy kan worden gecreëerd door afstand.
De private ruimten van de woning worden bij
voorkeur dan ook aan open en weids water
gesitueerd met ver en ongehinderd zicht. Bij
projectmatige ontwikkelingen is er door druk
op de dichtheid vaak een beperkte afstand tot
tegenoverliggende woningen of wegen. Alhoewel vergelijkbare afstanden zeer ruim zijn voor
landwoningen, kunnen de buren dichterbij lijken dan op het land doordat zich op het water
geen objecten bevinden en geluid over water
verder draagt.

Privacy through distance

Privacy can be created through distance. Ideally,
the private quarters of a house are situated on
vast, open water with distant and unobstructed
views. But in larger developments the pressure
of housing density can limit the distance to the
houses or roads opposite. Although comparable
distances are actually quite generous for land-
based dwellings, here the neighbours can
seem closer than they do on land because there
are no objects on the water and sound carries
further over water.

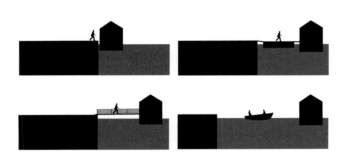

Positie van de woning in het water

De overgang van het vasteland naar de waterwoning is bepalend voor de herkenbaarheid
van de woning als waterwoning. Het type oever
speelt ook een rol. Zo geeft een talud vanaf enige afstand meer zicht op het water dan een
rechte kaderand. Ook een verlaagde ligging
van een waterwoning, waardoor vanaf het vasteland over de woning heen zicht bestaat op
het water, versterkt de identiteit.

Position of the dwelling in the water

The transition from the mainland to the property
determines whether or not it is perceived as a
water dwelling. The type of bank is important.
For example, from a little way off a sloping
bank provides a better view of the water than a
straight quay. A semi-sunken position, allowing
views of the water over the dwelling, also
reinforces its identity as a water dwelling.

Toegankelijkheid van de waterwoning

Een woning die direct aan de kade ligt is doorgaans direct vanaf het land toegankelijk. Een
kleine tussenruimte tussen land en woning, in
combinatie met goed zicht op het water rondom
de woning is al voldoende voor extra waterbeleving. Een brug naar een object wat in het
water ligt maakt het water om het woonblok
heen beleefbaar vanaf het vaste land en de
bebouwing komt meer in het water te liggen.
Eilanden die geïsoleerd in het water liggen zijn
doorgaans alleen per boot te bereiken.

Accessibility of the water dwelling

A dwelling right beside the quay is usually
accessible from land. A small gap between
land and property, combined with a clear view
of the water around the dwelling, is sufficient to
enhance residents' enjoyment of the water. A
bridge to an object in the water makes the
water around the block look more prominent
from the mainland and situates the buildings
more obviously in the water. Islands are
generally accessible only by boat.

Ontsluiting woning

Ligt de woning op enige afstand van de wal dan
kan deze met behulp van bijvoorbeeld een brug,
steiger of boot ontsloten worden. Voor de
waterbeleving is het belangrijk dat het water
onder een eventuele toegangsbrug of steiger
zichtbaar blijft. Op deze manier blijft de woning
zichtbaar als een object in het water.

Access to the dwelling

If the dwelling is situated at some distance
from the shore then it can be accessed with the
help of a bridge, a jetty or a boat. It is important
for the water beneath a bridge or jetty to be
visible so that the dwelling remains recogniza-
ble as an object in the water and the residents'
enjoyment of the water is guaranteed.

Plekken

Door de opname van verbredingen of
niveauverschillen in een steiger, bijvoorbeeld
als ruimte voor beplanting of zitelementen, kan
een steiger mogelijkheden bieden voor het ontstaan van 'plekken'.

Special places

By introducing broader sections or differences
in level to a jetty, as a space for greenery or
seats for example, designers can create special
places.

Bebouwing langs de steiger

Een steiger kan eenzijdig of tweezijdig bebouwd
zijn. Bij eenzijdige bebouwing vormt de steiger
een overgang tussen de entree van de woning
en het open water. Tweezijdige bebouwing
geeft de steiger doorgaans het meer intieme
karakter van een binnenstraat. De steiger kan
ook parallel aan de oever liggen en daardoor
een differentiatie in het water aanbrengen. Het
water tussen de oever en de steiger wordt een
meer geborgen binnenwater terwijl de andere
zijde zich opent richting het open water.

Buildings alongside the jetty

A jetty can have buildings on one or two sides.
If the buildings are restricted to one side, the jetty
forms a transition from the property's entrance
to the open water. Buildings on either side tend
to lend the jetty the more intimate character of
an interior street. By being constructed parallel
to the bank the jetty introduces an element of
differentiation to the water: the water between
the bank and the jetty turns into a more sheltered
inland waterway while the other side opens out
towards the open water.

Licht en geluid

Bij het ontwerpen van waterwoningen kan
gebruik gemaakt worden van het extra licht dat

Light and sound

The design of water dwellings can draw on the
extra light that is reflected off the water towards

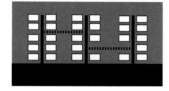

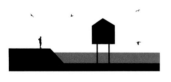

via het water wordt gereflecteerd in de richting van de woningen. Bevindt de woning zich dichtbij het water, dan zal bij zonneschijn de reflectie van het water in de woning zichtbaar zijn. Ook geluid wordt extra gedragen over het water waardoor de buren van een waterwoning dichterbij kunnen klinken dan bij een vergelijkbare situatie op het land.

Dwarsverbindingen
Een verbinding tussen twee steigers of landtongen kan een doodlopende route transformeren in een routenetwerk. Tegelijkertijd zorgt deze dwarsverbinding vaak voor een gevoelsmatige en fysieke opdeling tussen het binnenwater en het open water en creëren de dwarsverbindingen een barrière voor de in het binnenwater afgemeerde boten. Dwarsverbindingen kunnen wel bijdragen aan brandveiligheid doordat met het routenetwerk ook het aantal vluchtwegen vergroot wordt.

Relatie woning en water
Amfibische woningen worden in Nederland hoofdzakelijk toegepast op locaties waar hoge waterstanden slechts zelden voorkomen, maar in het geval dat dit optreedt, wel extreem zijn. De infrastructuur is vaak niet berekend op deze uitzonderlijke situaties, wat betekent dat een woning in drijvende toestand geïsoleerd komt te liggen. Voor de avonturiers onder ons een geweldig spektakel en een adembenemende ervaring.

Paalwoningen, dijkwoningen, terpwoningen en woningen aan het water zijn, zij het op verschillende hoogtes, vast met de grond verbonden. Deze woningtypes voelen intuïtief vaak veiliger aan dan bijvoorbeeld een drijvende woning, maar zijn in geval van hoog water door de vaste verbinding feitelijk minder veilig door het gebrek aan flexibiliteit met betrekking tot het waterpeil. Indien dat hoger wordt dan het niveau waarvoor de woning is ontworpen, zal deze onderlopen.

Continue wateroppervlak
Doordat het water bij een paalwoning zichtbaar onder de woning door kan stromen, wordt de waterbeleving versterkt. Dit woningtype is dan ook populair in natuurlijke gebieden omdat het de omgeving 'in tact' laat.

Overgang woning en water
Een woning met een gevel die doorloopt in het water laat zich lezen als object dat in het water staat. De harde grens tussen woning en water die daaruit volgt, kan door de inzet van een terras worden verzacht. De weidsheid van het water rondom een terras bepaalt de impact op de waterbeleving. Andere objecten zoals boten die aangelegd zijn bij een woning en zelf ook duidelijk in het water liggen, hebben doorgaans minder invloed op de leesbaarheid van de rand tussen woning en water.

Dicht op het water wonen
Zorgt strikte regelgeving voor een constant waterpeil, dan kan er dicht op het water gebouwd worden en is het water een veilig en vooral esthetisch omgevingskenmerk. Wel dient er rekening te worden gehouden met golfslag en de opstuwing van het water bij harde wind.

Maximale oeverlijn
Een landtong en steiger zijn beide inzetbaar om de hoeveelheid raakvlak met het water, kortweg oeverlengte, te vergroten waardoor meer ruimte ontstaat voor woningen aan het water.

the properties. If the house is close to the water the latter's reflection will be visible inside on a sunny day. Sound should also be considered in the design; sound carries better over water, neighbours can appear closer than they do in a comparable set-up on land.

Cross-connections
A connection between two spits or jetties can transform a cul-de-sac into a network of routes. At the same time such a cross-connection often creates an instinctive and physical division between an inland waterway and the open water while presenting a barrier to the boats that are moored in the inland waterway. But cross-connections also improve fire safety because the network of routes increases the number of escape routes.

The relationship between dwelling and water
In the Netherlands amphibious dwellings are built where high water levels are rare but, when they do occur, extreme. The infrastructure is usually not geared towards such exceptional situations, which means that a dwelling becomes isolated in its floating state. For the adventurous among us this is an amazing spectacle and a breath-taking experience.

Pile dwellings, dyke houses, terp dwellings and waterfront homes are anchored to the ground, albeit at different levels, and so intuitively feel safer than a floating house. But in the event of high water they are actually less safe because their fixed connection robs them of flexibility in relation to the water level. If that exceeds the level for which the dwelling was designed, it will flood.

Continuous water surface
Visibly flowing water beneath a pile dwelling intensifies the experience of the water; this type of dwelling is popular in areas of natural beauty because it leaves the environment intact.

The transition between dwelling and water
A dwelling with a façade that extends down into the water is construed as an object in the water. The ensuing hard boundary between dwelling and water can be softened by the use of a terrace. The vastness of the water around a terrace determines the latter's impact on how the water is perceived. Other objects, such as boats moored alongside a dwelling have less of an effect on the prominent edge between dwelling and water.

Living close to the water
If strict rules and regulations ensure a constant water level then buildings can be erected close to the water, making it a safe and above all aesthetic environmental feature, though the design should allow for waves and surges caused by strong winds.

Maximum shore line
Spits and jetties can both be deployed to increase the amount of contact with the water, i.e. the shore length, to create more space for waterfront dwellings.

Regelgeving

Waterkwaliteit
Een object in of boven het water kan invloed hebben op de waterkwaliteit. Zo ontstaat een schaduw onder het gebouwde object die, zeker bij grote objecten, een nadelige invloed kan hebben op de waterkwaliteit. Voor objecten in het water geldt dat een minimale waterdiepte van 1 meter is vereist vanaf de onderkant van het gebouwde object tot aan de waterbodem. Dit is nodig om voldoende doorstroming en daarmee verversing van het water onder de woning te garanderen. Indien een drijvende woning te zwaar ontworpen is en na plaatsing te diep in het water blijkt te liggen moeten er doorgaans extra drijflichamen worden bevestigd om de vrije meter water onder de woning te realiseren.

Collectieve of openbare ruimte
De status van een steiger als openbare of collectieve ruimte hangt af van de formele bestemming. Als collectieve ruimte is de steiger vergelijkbaar met de gemeenschappelijke ruimte in een flatgebouw en wordt in dat geval door een vereniging van eigenaren (VvE) beheerd. Brievenbussen en nutsvoorzieningen zijn dan centraal georganiseerd bijvoorbeeld op de kop van de steiger. Deze situatie verschilt duidelijk van de situatie waarin de steiger de status van openbare weg heeft. Nutsvoorzieningen zijn dan beschikbaar op de individuele erfgrens, daarnaast gelden voor een openbare weg andere, soms strengere, brandveiligheidseisen dan voor een collectieve verkeersruimte.

Afstand tot het water
Bij steigers kan de relatie tot het water versterkt worden door een valbeveiliging achterwege te laten. Of dit toegestaan is hangt af van de afstand vanaf de steiger tot het water.

Maatgevend hoog waterpeil
In Nederland heeft de zee door haar stuwende werking bij een westerstorm invloed op de water veiligheid langs de rivieren. Bij een combinatie van storm met springtij en hoge rivierafvoeren kan het water tot ruim 80 kilometer landi nwaarts opgestuwd worden. Dit scenario geldt alleen indien de beweegbare hoogwaterkeringen in de delta open blijven en lijkt irrelevant aangezien deze gesloten worden wanneer de omstandigheden dat vereisen. Echter, bij het vaststellen van het maatgevende waterpeil waarop de waterwerende maatregelen langs de rivieren worden afgestemd, wordt rekening gehouden met een faalkans van de zeeweringen.

Bescherming tegen het invaren van schepen
Scheepvaart en sterke stromingen vormen risico's voor bebouwing in het stroombed van een rivier. Zo zijn aanvullende maatregelen nodig om te voorkomen dat schepen die uit koers raken een gebouw invaren en om te voorkomen dat losse objecten zoals boomstammen, die worden meegevoerd door de rivier, schade veroorzaken. Het instellen van een bebouwingsvrije zone langs de rivier kan daar een oplossing voor bieden. Ook kunnen er grote stootblokken in het water worden aangebracht die voorkomen dat een schip de bebouwing kan raken.

Open water in nieuwbouwgebieden
De overheid voert het beleid om regenwater in toenemende mate lokaal op te vangen en vertraagd af te voeren, waardoor het hoofdwatersysteem wordt ontlast. Aantasting van het

Rules and regulations

Water quality
An object in or above the water can affect the water quality. Shade underneath the built object, especially a large one, can have an adverse effect on the water quality. Such objects require a minimum water depth of one metre, measured from the underside of the built object to the bottom of the lake or river, to guarantee the adequate flow of fresh water beneath the dwelling. If a design is too heavy and the dwelling sits too deep in the water, it usually requires additional flotation to achieve the one metre clearance.

Collective or public space
A jetty's status as a public or collective space depends on its formal purpose. As a collective space the jetty can be compared to the communal space in a block of flats, in which case it will be managed by a homeowners' association. Letter boxes and public utilities will be centrally clustered, for example at the head of the jetty. When the jetty has the status of a public road public utilities are metered at the individual property boundary while different, sometimes stricter, fire safety standards may apply.

Distance to the water
A jetty's relationship to the water can be intensified by the absence of a safety barrier. Whether or not this is permitted depends on the distance between the jetty and the water.

Normal flood level
In the Netherlands the sea has an impact on water safety along the rivers due to surges generated by westerly gales. A combination of storm and springtide plus high river discharges can cause water to be pushed more than 80 km inland. But that is now prevented by the storm surge barriers in the delta. However, when experts establish the normal water level to which the flood-control measures along the rivers are geared they make allowance for the potential margins of error of the storm surge barriers.

Protection against collisions
Shipping and strong currents carry risks for buildings in a riverbed. Additional safety measures are needed to prevent ships that go off course from ramming a building and to prevent objects floating down the river, such as tree trunks, from causing damage. The introduction of a development-free zone along the river can be a solution, or else large buffers standing in the water can prevent a ship from hitting buildings.

Open water in new developments
The government is stepping up its policy of collecting rainwater locally and slowing its drainage to relieve the main water system. The adverse effect of development and paving on

waterbergend volume, door de bebouwing en verharding van gebieden, dient gecompenseerd te worden. Er is dan ook een norm voor de hoeveelheid oppervlaktewater wat in nieuwe woongebieden nodig is voor de berging van regenwater. Momenteel is deze norm doorgaans 10 tot 15 procent van het te ontwikkelen oppervlak. In nieuwbouwgebieden is er dus steeds meer oppervlaktewater hetgeen kansen biedt voor waterwoningen.

Dubbel ruimtegebruik
Voor ontwikkelaars is het aantrekkelijk wanneer oppervlaktewater een dubbele bestemming krijgt als waterberging én woningbouwlocatie. In dat geval kunnen er binnen een nieuwbouwgebied namelijk meer woningen ontwikkeld worden terwijl de dichtheid gelijk blijft.

water storage capacity must be offset, hence minimum surface water levels for rainwater storage in new residential areas. The standard level is currently 10 to 15 per cent of the surface area to be developed. So with more surface water in newly developed areas, the opportunities for water dwellings are increasing.

Dual land use
For developers it is attractive when surface water can be used for both water storage and building, as it means that more properties can be developed in a new neighbourhood while the density remains constant.

Projectenlijst

Projectnaam: HafenCity, Hamburg
Jaartal: gepland 2000-2030
Opdrachtgever: Gemeente Hamburg/HafenCity Hamburg GmbH
Stedenbouwkundig plan: KCAP Architects & Planners
Architecten: LOVE architecture and urbanism, Boege Lindner Architekten, Ingenhoven Architekten, Nps Tchoban Voss, Jan Stoermer Architekten, Behnisch Architekten, MRLV, Spengler Wiescholek Architekten, ASP Architekten Schweger + Partner, BRT Architekten Bothe Richter Teherani BDA, Marc-Olivier Mathez, Miralles Tagliabue EMBT
Ontwikkelaar/bouwer: PLUS BAU Kaiserkai GmbH, AUG. PRIEN Immobilien

Projectnaam: Gouden Kust, Maasbommel
Jaartal: 1998-2006
Opdrachtgever: Gouden Kust B.V., Maasbommel
Architect: Factor Architecten B.V., Duiven
Raadgevend Ingenieur: Boiten Raadgevende Ingenieurs BV, Arnhem
Ontwikkelaar/bouwer: Dura Vermeer Groep N.V.

Projectnaam: Acquavista, Almere
Jaartal: 2002-2005
Opdrachtgever: BEMOG Projektontwikkeling Almere B.V.
Bouwer: Moes Bouwbedrijf West B.V., Almere
Architect: Theo Verburg Architecten, Ede

Projectnaam: Steigereiland, IJburg
Jaartal: 2006-2009
Opdrachtgever masterplan: Gemeente Amsterdam

List of projects

Project title: HafenCity, Hamburg
Year: scheduled for 2000-2030
Awarding Authority: Municipality of Hamburg/HafenCity Hamburg GmbH
Urban development plan: KCAP Architects & Planners
Architects: LOVE Architecture and Urbanism, Boege Lindner Architekten, Ingenhoven Architekten, Nps Tchoban Voss, Jan Stoermer Architekten, Behnisch Architekten, MRLV, Spengler Wiescholek Architekten, ASP Architekten Schweger + Partner, BRT Architekten Bothe Richter Teherani BDA, Marc-Olivier Mathez, Miralles Tagliabue EMBT
Developer/construction firm: PLUS BAU Kaiserkai GmbH, AUG. PRIEN Immobilien

Project title: Gouden Kust, Maasbommel
Year: 1998-2006
Client: Gouden Kust B.V., Maasbommel
Architect: Factor Architecten B.V., Duiven
Consultant engineer: Boiten Raadgevende Ingenieurs BV, Arnhem
Developer/construction firm: Dura Vermeer Groep N.V.

Project title: Acquavista, Almere
Year: 2002-2005
Client: BEMOG Projektontwikkeling Almere B.V.
Construction firm: Moes Bouwbedrijf West B.V., Almere
Architect: Theo Verburg Architecten, Ede

Project title: Steigereiland, IJburg, Amsterdam
Year: 2006-2009

Stedenbouwkundig plan: Planteam IJburg/Zeeburgereiland, Dienst Ruimtelijke Ordening, Amsterdam
Ontwikkelaar: Ontwikkelingsbedrijf Gemeente Amsterdam, Monteflore Vastgoedontwikkelingen B.V. Amsterdam ism Eigen haard
Architecten: Diverse waaronder Architectenbureau Marlies Rohmer B.V. Amsterdam, Villanova Architecten Rotterdam, Atelier Zeinstra Van der Pol B.V. Amsterdam.

Projectnaam: Sausalito Bay, Californië (VS)
Jaartal: 1965-heden
Opdrachtgevers: Particulieren, Verenigingen van eigenaren per pier
Beleidsvormer: San Francisco Bay Conservation and Development Commission

Projectnaam: Nesselande, Rotterdam
Jaartal: 2000-2015
Opdrachtgever masterplan: Gemeente Rotterdam Ontwikkelingsbedrijf
Stedenbouwkundig plan: Palmbout Urban Landscapes, H+N+S Landschapsarchitecten
Ontwikkelaar masterplan: Gemeente Rotterdam Ontwikkelingsbedrijf
Architecten: diverse waaronder Attika Architecten, H&E architecten, Joke Vos, Klunder architecten, Faro Architecten

Projectnaam: H2O Wonen, Zeewolde
Jaartal ontwerp: 2007
Opdrachtgever masterplan: Gemeente Zeewolde ism Slokker Vastgoed B.V.
Stedenbouwkundig plan: D.EFAC.TO architectuur & stedenbouw

Projectnaam: Stadswerven, Dordrecht
Jaartal: gepland 2011 tot 2017
Opdrachtgever masterplan: Gemeente Dordrecht
Stedenbouwkundig plan: Paul van Beek Landschappen, AWG Architecten.
Ontwikkelaar: Ontwikkelingscombinatie Werven (OCW): Dura Vermeer, Aanneming Maatschappij JP van Eesteren, AM Zuid-Holland

Projectnaam: Het Nieuwe Water, Westland
Jaartal: 2011 tot 2017
Opdrachtgever masterplan: Gemeente Westland
Stedenbouwkundig plan: Waterstudio.NL ism ONW
Ontwikkelaar: Ontwikkelingsbedrijf Het Nieuwe Westland, een consortium van BNG, gemeente Westland, waterschap en provincie; aan te vullen met een woningcorporatie.
Raadgevend Ingenieur: ingenieursbureau Van der Waal & Partners

Projectnaam: Westflank, Haarlemmermeer
Jaartal ontwerp: 2007
Opdrachtgever masterplan: Rijk, Provincie Noord-Holland, gemeente Haarlemmermeer, Hoogheemraadschap van Rijnland ism Leven met Water
Stedenbouwkundig plan: Projectgroep bouwen met water

Master plan awarding authority: Municipality of Amsterdam
Urban development plan: Planteam IJburg/Zeeburgereiland, Department of Urban Planning, Amsterdam
Developer: Ontwikkelingsbedrijf Gemeente Amsterdam, Monteflore Vastgoedontwikkelingen B.V. Amsterdam in association with housing association Eigen Haard
Architects: Various, including Architectenbureau Marlies Rohmer B.V. Amsterdam, Villanova Architecten Rotterdam, Atelier Zeinstra Van der Pol B.V. Amsterdam.

Project title: Sausalito Bay, California (USA)
Year: 1965-present
Clients: Private individuals, Residents' Associations per pier.
Policymaker: San Francisco Bay Conservation and Development Commission

Project title: Nesselande, Rotterdam
Year: 2000-2015
Master plan awarding authority: Gemeente Rotterdam Ontwikkelingsbedrijf
Urban development plan: Palmbout Urban Landscapes, H+N+S Landschapsarchitecten
Master plan developer: Gemeente Rotterdam Ontwikkelingsbedrijf
Architects: various, including Attika Architecten, H&E Architecten, Joke Vos, Klunder Architecten, Faro Architecten

Project title: H2O Wonen, Zeewolde
Year of design: 2007
Master plan awarding authority: Municipality of Zeewolde in association with Slokker Vastgoed B.V.
Urban development plan: D.EFAC.TO Architectuur & Stedenbouw

Project title: Stadswerven, Dordrecht
Year: scheduled for 2011 to 2017
Master plan awarding authority: Municipality of Dordrecht
Urban development plan: Paul van Beek Landschappen, AWG Architecten.
Developer: Ontwikkelingscombinatie Werven (OCW): Dura Vermeer, Aanneming Maatschappij JP van Eesteren, AM Zuid-Holland

Project title: Het Nieuwe Water, Westland
Year: 2011 to 2017
Master plan awarding authority: Municipality of Westland
Urban development plan: Waterstudio.NL in association with ONW
Developer: Ontwikkelingsbedrijf Het Nieuwe Westland: a consortium comprising BNG, the Municipality of Westland, Water Authority and County; to be augmented by a housing association.
Consultant engineer: Ingenieursbureau Van der Waal & Partners

Project title: Westflank, Haarlemmermeer
Year of design: 2007
Master plan awarding authority: Government of The Netherlands, Province of Noord-Holland, Municipality of Haarlemmermeer, Rijnland District Water Control Board in association with Leven met Water
Urban development plan: Project group Bouwen met Water

Over de auteurs

Anne Loes Nillesen is afgestudeerd aan de Technische Universiteit Delft in de richting architectuur en stedenbouw. Ze volgde het post-graduate programma van het Berlage Instituut in Rotterdam en werkte bij verschillende gerenommeerde bureaus. In 2005 richtte ze D.EFAC.TO architectuur en stedenbouw op. Met dit bureau combineert ze onderzoek met een ontwerppraktijk en heeft ze inmiddels een groot aantal projecten op haar naam staan. De opdrachten variëren van ontwerpen voor drijvende en amfibische woningen en paviljoens tot een masterplan voor een waterwoonwijk. Het onderzoekswerk bestrijkt een breed scala, van inpandige geleidingspalen voor drijvende en amfibische woningen tot grootschalig onderzoek naar waterveiligheid in de Nederlandse delta. Naast D.EFAC.TO leidt Anne Loes de 'Delta Interventions' studio voor masterstudenten aan de Faculteit Bouwkunde van de TU Delft en doceert ze aan dezelfde instelling.

Jeroen Singelenberg (1950) is programmaregisseur Waterwonen bij de Stuurgroep Experimenten Volkshuisvesting (SEV). De SEV is een onafhankelijke stichting die in opdracht van de overheid innovaties op het gebied van wonen stimuleert en evalueert. Als sociaal geograaf en planoloog was Jeroen Singelenberg betrokken bij tal van experimentenprogramma's. Publicaties van zijn hand zijn o.a. *Licht en Lucht* over transformatie van naoorlogse flatwijken en *De toekomst van de bloemkoolwijken*, over de woonhofjes van rond 1980. In het kader van het programma waterwonen was hij auteur van een *Advies inzake Waterwonen* aan de minister van VROM en initiator van een consumentenonderzoek waterwonen.

About the authors

Anne Loes Nillesen graduated from Delft University of Technology with a degree in architecture and urban development. She followed the post-graduate programme of the Berlage Institute in Rotterdam and has worked at a number of renowned bureaus. In 2005, she founded D.EFAC.TO architecture and urban planning. She combines research with design work at this bureau, and now has a long list of projects to her credit. Assignments vary from floating and amphibious homes and pavilions to a master plan for a residential district on the water. The research work encompasses a wide range of projects, from sliding interior piles for floating and amphibious dwellings to large-scale research studies on water safety in the Dutch delta. In addition to D.EFAC.TO, Anne Loes Nillesen is in charge of the Delta Interventions studio for master's students at the Delft University of Technology Faculty of Architecture and she teaches at the same institution.

Jeroen Singelenberg (1950) is programme director for Water Living at the Housing Experiments Steering Group (SEV). The SEV is an independent foundation that stimulates and evaluates innovations in housing commissioned by the government. As a social geographer and town and country planner, Jeroen Singelenberg has been involved in numerous experimental programmes. His publications include *Licht en Lucht* [Light and Sky], about the transformation of Post-War blocks of flats and *De toekomst van de bloemkoolwijken* [The Future of Cauliflower/Cul-de-Sac Neighbourhoods], about courtyard residences built around 1980. He authored *Advies inzake Waterwonen* [Recommendations concerning Water Living] for the Minister of Housing, Spatial Planning and the Environment within the framework of the water living programme, and has initiated a consumer research study on water living.

Illustratieverantwoording

1 *Motieven voor waterwonen*
D.EFAC.TO

2 *Waterwoon gebieden*
D.EFAC.TO

3 *Waterwoon typologieën*
Ruud Binnekamp: p. 22 (onder)
INBO Woudenberg: p. 24 (midden rechts en links), p. 25 (midden rechts en links)
Jan en Wilma Nillesen: p. 25 (onder)
Slokker Vastgoed: p. 28 (onder), p. 30, p. 31 (links en rechts boven)
D.EFAC.TO: overige beelden

4 *Stedenbouwkundige basisprincipes*
D.EFAC.TO

5 *Verkavelingstypen waterwonen*
D.EFAC.TO

6 *HafenCity, Hamburg*
Harry de Brauw: p. 55 (rechts onder)
Mariska Hamelink: p. 55 (links boven)
D.EFAC.TO: overige beelden
Gouden Kust, Maasbommel
D.EFAC.TO
Acquavista, Almere
Bemog Projektontwikkeling Almere B.V.: p. 64 (boven), p. 65 (boven, rechts onder), p. 67 (onder)
D.EFAC.TO: overige beelden
Steigereiland, IJburg
D.EFAC.TO

Sausalito Bay, Californië
Jeroen Singelberg (SEV): p. 76, p. 77 (links boven, midden)
Ties Rijcken: p. 77 (onder), p. 78, p. 79
D.EFAC.TO: beelden p. 75
Nesselande, Rotterdam
D.EFAC.TO
H2O Wonen, Zeewolde
D.EFAC.TO
Stadswerven, Dordrecht
awg architecten cvba, Antwerpen – Paul Van Beek Landschappen BNT, Amsterdam – OCW Ontwikkelingscombinatie de Werven – AM-Dura Vermeer – JP Van Eesteren – Gemeente Dordrecht: impressies p. 92, p. 95
D.EFAC.TO: beelden p. 93
Het Nieuwe Water, Westland
Ontwikkelingsmaatschappij het Nieuwe Westland (ONW)/BNG en Architect Koen Olthuis – Waterstudio.NL: impressie p. 96, beeld p. 98, p. 99, p. 100, p. 101
D.EFAC.TO: beelden p. 97
Westflank, Haarlemmermeer
Consortium Bouwen met Water: impressies p. 102, p. 104, p. 105
D.EFAC.TO: beelden p. 103

7 *Markt en beleidsruimte*
INBO Woudenberg: p. 109 (3e rij rechts)
D.EFAC.TO
Bijlage
D.EFAC.TO

Illustration credits

1 *Reasons for living on the water*
D.EFAC.TO

2 *Dutch water typologies*
D.EFAC.TO

3 *Water dwelling typologies*
Ruud Binnekamp: p. 22 (bottom)
INBO Woudenberg: p. 24 (centre left and right), p. 25 (centre left and right)
Jan en Wilma Nillesen: p. 25 (bottom)
Slokker Vastgoed: p. 28 (bottom), p. 30, p. 31 (upper left and right)
D.EFAC.TO: remaining images

4 *Basic urban principles*
D.EFAC.TO

5 *Urban patterns*
D.EFAC.TO

6 *HafenCity, Hamburg*
Harry de Brauw: p. 55 (bottom right)
Mariska Hamelink: p. 55 (upper left)
D.EFAC.TO: remaining images
Gouden Kust, Maasbommel
D.EFAC.TO
Acquavista, Almere
Bemog Projektontwikkeling Almere B.V.: p. 64 (top), p. 65 (top, bottom right), p. 67 (bottom)
D.EFAC.TO: remaining images
Steigereiland, IJburg
D.EFAC.TO

Sausalito Bay, Californië
Jeroen Singelberg (SEV): p. 76, p. 77 (upper left, centre)
Ties Rijcken: p. 77 (bottom), p. 78, p. 79
D.EFAC.TO: images p. 75
Nesselande, Rotterdam
D.EFAC.TO
H2O Wonen, Zeewolde
D.EFAC.TO
Stadswerven, Dordrecht
awg architecten cvba, Antwerpen – Paul Van Beek Landschappen BNT, Amsterdam – OCW Ontwikkelingscombinatie de Werven – AM-Dura Vermeer – JP Van Eesteren – Gemeente Dordrecht: impressions p. 92, p. 95
D.EFAC.TO: images p. 93
Het Nieuwe Water, Westland
Ontwikkelingsmaatschappij het Nieuwe Westland (ONW)/BNG and Architect Koen Olthuis – Waterstudio.NL: impressions p. 96, image p. 98, p. 99, p. 100, p. 101
D.EFAC.TO: images p. 97
Westflank, Haarlemmermeer
Consortium Bouwen met Water: impressions p. 102, p. 104, p. 105
D.EFAC.TO: images p. 103

7 *Market and scope for policy*
D.EFAC.TO
INBO Woudenberg: p. 109 (3rd row right)
Appendix
D.EFAC.TO

Auteur Author: **Anne Loes Nillesen (D.EFAC.TO) , Jeroen Singelenberg (SEV)**
Redactie Editor: **Gregor Flüggen, Rowan Hewison, Ilse Crooy**
Vertaling Translation: **ANWB Vertaal service, Iris Maher, Laura Vroomen**
Correctie Proofreading: **Willemijn van de Wetering (D.EFAC.TO)**
Beeldredactie Image editor: **Anne Bouk Swildens (D.EFAC.TO)**
Beeld omslag Cover image: **Artist impression Waterstudio.nl**
Tekeningen Drawings: **Anne Loes Nillesen (D.EFAC.TO), Marco Gazzola (D.EFAC.TO)**
Vormgeving Design: **Joseph Plateau, Amsterdam**
Onderzoek Research: **Anne Loes Nillesen (D.EFAC.TO), Jeroen Singelenberg (SEV), Marco Gazzola (D.EFAC.TO), Niels Hatzmann (Laagland Advies), Willemijn van de Wetering (D.EFAC.TO)**
Lithografie en druk Lithography and printing: **NPN Drukkers**
Papier Paper: **GoMatt 135 grs**
Productie Production: **NAi Uitgevers/Publishers, Rotterdam**
Projectcoördinatie Project coordination: **Alma Timmer, Marcel Witvoet, NAi Uitgevers/Publishers, Rotterdam**
Uitgever Publisher: **Eelco van Welie, NAi Uitgevers/Publishers, Rotterdam**

ISBN 978-90-5662-780-5

Printed and bound in the Netherlands

Stuurgroep Experimenten Volkshuisvesting, programma Waterwonen

Het onderzoek is mede mogelijk gemaakt door een bijdrage van het Stimuleringsfonds voor Architectuur
The research is made possible by support of the Netherlands Architecture Fund

Deze publicatie kwam mede tot stand dankzij de bijdrage van Het Nieuwe Water. Het Nieuwe Water is een project van Ontwikkelings-maatschappij het Nieuwe Westland bv
This publication was made possible with the generous support of Het Nieuwe Water. Het Nieuwe Water is a project of Ontwikkelings-maatschappij het Nieuwe Westland bv